AF451208

El control de tu mente está en ti

El control de tu mente está en ti

LORENA FARRÉ

Título: *El control de tu mente está en ti*

© 2020, Lorena Farré

Autoedición y Diseño: 2020, Lorena Farré

Diseño de cubierta: 2020, DLAB BARCELONA

Primera edición: mayo 2020

Depósito legal: TF 295-2020

ÍNDICE

INTRODUCCIÓN

Querido lector, muchas gracias por querer estar aquí, por escoger este libro entre miles de oportunidades.

Si estás aquí es porque ya has leído el primer tomo de la trilogía de

Quiero felicitarte porque ya has dado otro paso para cambiar tu vida.

Has tomado una gran decisión.

Ahora ya sabes qué quieres y en este libro vamos a trabajar tu camino a la sanación.

Si, por el contrario, esta es tu primera lectura, ¡bienvenido a esta trilogía!

Lo ideal es que empieces con el primer tomo y luego sigas con este para poder aplicar todas las herramientas que se explican en el primer libro pero, si por alguna razón sientes que quieres seguir leyendo, te animo a que empieces con el tomo 1 para poder entender mejor cómo te puedo ayudar.

Cada uno de nosotros tiene diferentes sueños en la vida y el éxito viene en querer un crecimiento continuo.

> **El camino hacia el éxito es infinito y es un proceso continuo.**

Quiero demostrarte las estrategias que he seguido para el crecimiento continuo y espero con todo mi corazón que te ayuden.

En ti está el poder infinito del éxito, el poder de transformar tu vida, el poder de sanar. Todo lo que necesitas está en ti, así que el control de tu mente está en ti también.

Cuando miro hacia atrás y veo todo lo que he conseguido siento una gratitud profunda, una emoción, una sensación de triunfo que deseo que tú también sientas.

Vivimos en la era de las infinitas posibilidades. Todo se mueve a un ritmo vertiginoso y donde las personas han aprendido a crear desde el poder de su imaginación. Eso es así y seguirá siempre siendo así; todo lo que nos rodea existe porque alguien lo ha imaginado primero.

Para mí un ejemplo a seguir es mi mentor Lain García Calvo.

Ha creado un negocio millonario ayudando a las personas a querer ser su mejor versión.

Ha superado una enfermedad como la fibromialgia y el síndrome de fatiga crónica y ha conectado con su misión, que es ayudar a miles de personas a ser su mejor versión.

Gracias a utilizar las leyes en mi favor, el querer crecer como persona y ayudar a los demás, he aprendido a conectar con el poder infinito para crear lo que quería, para llevar mi vida a un siguiente nivel, como él dice.

Ahora soy consciente de la depresión que pasé después de tener a mi hijo, de por qué padecía de insomnio.

> **Estar deprimido no es algo que ocurra a uno porque sí.**

Uno no está deprimido porque sí, sino que lo crea.

Uno cae en depresión como resultado de sus pensamientos y su diálogo interno.

Yo la creé con mi diálogo interno, mala alimentación y vida sedentaria.

Gracias a mi fortaleza interior decidí no aceptar ese estado y empecé a tomar acciones para ello.

Parece muy compilado salir de esa apatía, pero en realidad es todo mentalidad.

Cambia la comunicación interna, haz acciones para salir de ello y con perseverancia se consigue.

> Tú puedes controlar tu mente cambiando tu diálogo interior.
>
> Tú puedes transformar tus creencias limitadoras en potenciadoras.

Porque **TODO LO QUE NECESITAS PARA CONTROLAR TU MENTE ESTÁ EN TI.**

Ten paciencia y fe, porque estate seguro que durante el proceso saldrán mil y un obstáculos.

Te garantizo que al superarlos serás una mejor versión de ti mismo.

Sentirás que has triunfado. El éxito será tan grande que te animará a seguir en el camino.

Con este libro aprenderás todo ello, así como a ser flexible, a detectar cuándo debes corregir tu conducta y actuar.

Cuando en uno de los eventos de crecimiento personal anduve por encima de las brasas unos cuantos metros me di cuenta de que puedo conseguir lo que quiera.

> **El éxito se crea con esfuerzo
> y la mentalidad correcta.**

Te das cuenta de que los miedos y las limitaciones te las pones tú mismo.

Si callas a tu mente dominante, dejas tus miedos atrás y encuentras en ti los recursos necesarios, puedes superar lo que quieras.

Si quieres salir de la enfermad, del estado en el que estás, solo tienes una opción; hacer lo que sea necesario y que hacerlo sea tu única opción.

Cuando encuentras qué es lo que te apasiona en la vida todo cobra sentido y es más sencillo.

> **Pase lo que pase no pierdas la fe
> en que lo conseguirás.**

Piensa en alguien que conozcas y que sea apasionado.

Podrás detectar que la energía que irradia, el optimismo que tiene, la energía y obsesión por lo que le apasiona, son valores muy instaurados.

Es lo que tienes que sentir; pasión por algo y actuar en consecuencia.

Vamos a trabajar con tu mentalidad, con tus creencias para que consigas conectar con el poder de sanarte que tienes en ti.

Con este libro pretendo que aprendas de todas las técnicas que he aprendido en mi vida a través de todas las enseñanzas aprendidas.

He invertido miles de euros en formación, en mentoría y eventos de crecimiento personal.

Los pongo a tu disposición con la convicción de ayudarte si desde ya tienes el compromiso de querer ser tu mejor versión y trabajar para conseguirlo.

> **De tus mayores desafíos
> vendrán tus mayores bendiciones.**

Mi objetivo es ayudarte a tener una calidad de vida extraordinaria.

No te conozco, pero de una cosa estoy segura. Si estás aquí es porque hay algo en ti que quieres cambiar o mejorar.

Tú decides, la decisión es tuya. Tú decides si quedarte como estás. Sin duda alguna vas a quedarte como estás con esa enfermedad, ese peso, esa autoestima…, o puedes darte una oportunidad, puedes decidir cambiar y llevar una vida extraordinaria.

Si tú estás bien, todos los que están a tu alrededor van a estar más felices. No solo te ayudas a ti mismo, sino que ayudas a todos los que están cerca de ti.

Gracias, gracias, gracias, por estar aquí y querer crecer.

¡Te espero en el siguiente capítulo!

Durante la lectura, cada vez que acabe un capítulo te voy a pedir un favor, que leas y que repitas el recuadro que hay a continuación.

Por repetición es como aprendemos así que cuanto más te lo repitas más lo aceptará tu mente. No pierdes nada y sé que vas a ganar mucho, así que no me creas y compruébalo por ti mismo.

Ponte la mano en el corazón y lee en voz alta:

YO SOY ENERGÍA,
ESTOY LLEN@ DE VITALIDAD.

LOS FRACASOS DE MI PASADO,
SON ENSEÑANZAS DE MI PRESENTE
Y VICTORIAS DE MI FUTURO.

YO SOY RESPONSABLE DE CREAR EN MI VIDA
FELICIDAD, ÉXITO Y RIQUEZA
PORQUE

¡¡¡TODO LO QUE NECESITO ESTÁ EN MÍ!!!

QUIÉN SOY YO, 2ª PARTE

A lo largo de mi vida he superado con éxito las diferentes adversidades que se me han presentado; el alcoholismo de mi padre, su muerte tras el cáncer, el intento de suicidio de mi madre... Pero aún quedaba más.

Ahora lo veo con una claridad absoluta y gracias a todas las vivencias hoy estás aquí y puedo compartir contigo con la esperanza de que te pueda ayudar.

Conocí a mi marido con 35 años. Todo fue muy rápido y explosivo.

Nos enamoramos locamente, pero éramos muy diferentes.

A los cuatro meses de estar juntos me quedé embarazada. Sin dudarlo, los dos decidimos traer al mundo a ese bebé, pero la energía es sabia y el universo nos mandó un mensaje alto y claro.

No estábamos preparados como pareja para ser padres, así que el proceso de la vida se interrumpió en la séptima semana.

Ese hecho nos unió de una manera indescriptible, pero aún nos quedaba un largo camino para recorrer y afianzar nuestra relación.

Cuando ya llevábamos viviendo juntos un año, me volví a quedar embarazada y de ahí nació nuestro hijo.

Durante todo mi embarazo sufrí insomnio de segunda hora. Es un tipo de insomnio que ocurre cuando te quedas dormido fácilmente pero al cabo de unas horas te despiertas y puedes permanecer una, dos, tres o cuatro horas sin volver a conciliar el sueño.

Era desesperante. Me tenía que levantar para ir a trabajar a las 06:30 cada día y mi cuerpo y mente cada día estaban más y más agotados.

Mis niveles de hierro eran muy bajos y cuando faltaban dos meses para que naciera mi ginecóloga me dijo que tenía que coger la baja o corría riesgo de perder al bebé.

Sin dudarlo cogí la baja e intenté estar lo mejor que pude, pero dentro de mí había una ansiedad que hacía que comiera todo lo que nunca había hecho.

Si hasta entonces había ganado lo normal, en dos meses que estuve de baja los kilos venían y venían.

¡Llegué a pesar 28 kg de más!

El día del parto me olvidé de todo. Una energía indescriptible se apoderó de mí y estuve toda la noche en casa pasando las contracciones. A las siete de la mañana nos fuimos al hospital y 20 minutos después de entrar en el paritorio nació nuestro hijo.

Sin duda, traer al mundo y crear una vida es algo mágico.

No me sentía cansada, solamente era inmensamente feliz.

Pero ese sentimiento duró poco.

No podía alimentar a mi hijo y eso me enloqueció.

Siempre había sido de las que pensaba que si no se podía pues daría un biberón, pero no pude. Algo se apoderó de mis pensamientos y sentimientos y fui entrando en una depresión profunda.

Es como si todo lo que me había ocurrido durante mi vida (la muerte de mi padre, el intento de suicidio de mi madre) me invadiera de golpe y no fuese capaz de ser feliz, de vivir el momento tan maravilloso que tenía delante.

Si ya has leído *Todo lo que necesitas está en ti* ya sabrás todo lo que me ha tocado superar y aprender en la vida, pero sin duda la lección más grande vino al superar esa depresión postparto.

Al final de unos días conseguí, gracias a unas pezoneras, amamantar a mi hijo, pero yo seguía sin dormir, seguía sin estar feliz y disfrutar de ese maravilloso momento.

Un día me levanté y no podía parar de llorar. Lloraba y lloraba y le pedí a mi madre que se quedara con mi hijo para irme a un centro que tengo cerca para ayuda a las madres primerizas.

Me vieron la comadrona y la enfermera y yo seguía sin parar de llorar.

Estuve como tres horas esperando a que me atendiera el psicólogo y mientras esperaba me iba encontrando peor y peor.

¡Incluso tenía fiebre!

Por fin me tocó mi turno y el psicólogo me dijo algo que no olvidaré en la vida: "El amor está en ti. Tú amas a tu hijo aunque ahora no lo sientas".

Fue como un chispazo escuchar esas palabras de alguien que no me conocía.

Me dijo que era normal que me sintiera mal y que las hormonas me estaban dominando, que no dejara que eso pasase.

Y así lo hice. Volví a conectar con mi alma y volví a casa con otra energía.

Pero algo en mí no funcionaba, algo en mí estaba mal y seguía sin dormir.

Al cabo de un tiempo un amigo me recomendó una hipnoterapeuta.

Gracias al trabajo que realizamos conseguí dormir y salía de sus sesiones llena de energía y vitalidad.

Visualicé la vida que tengo hoy (casa con piscina, trabajo desde casa), pero seguía sin ser del todo feliz y no sabía por qué.

Mi estado físico no era el ideal, tenía sobrepeso. Pesaba como 15 kg más de lo que tenía que pesar.

A los dos años de tener a nuestro hijo cambié de trabajo y por arte de magia empecé a perder peso.

¿Sabes por qué?

Al cambiar de entorno todo mejoró.

Empecé a sentirme mejor y mejor, pero el tema del insomnio no acababa de irse.

Así que me empecé a preguntar por qué me ocurría eso y empecé a leer libros sobre crecimiento personal y asistir a eventos.

En uno de ellos fue cuando a través de una meditación entendí lo que me pasaba. Mi alma me envió un mensaje alto y claro: debía de compartir con el mundo mi manera de superar las adversidades.

Si quieres aprender algo, solo no se puede conseguir. Si quieres alcanzar el éxito necesitas un entrenador. Todos los grandes deportistas de élite tienen entrenador y quién mejor que él, que tiene los resultados que tú deseas.

El día que decidí que iba a escribir un libro y contraté a un mentor para ello, Lain García Calvo, ese día dormí profundamente. El insomnio desapareció de mi vida y desde entonces cada día vivo con la energía y vitalidad que deseaba.

Conecté con la misión de mi vida y, desde entonces, cada día escribo para poder llegar a miles de personas con la esperanza de que mis experiencias y lo que yo he aprendido a través de la lectura y aplicación de cientos de libros y miles de euros de formación te ayuden.

Gracias, gracias, gracias, amado lector, y felicidades por estar aquí.

Ponte la mano en el corazón y lee en voz alta:

YO SOY ENERGÍA,
ESTOY LLEN@ DE VITALIDAD.

LOS FRACASOS DE MI PASADO,
SON ENSEÑANZAS DE MI PRESENTE
Y VICTORIAS DE MI FUTURO.

YO SOY RESPONSABLE DE CREAR EN MI VIDA
FELICIDAD, ÉXITO Y RIQUEZA
PORQUE

¡¡¡TODO LO QUE NECESITO ESTÁ EN MÍ!!!

CÓMO TE PUEDE AYUDAR ESTE LIBRO

Todos en algún momento hemos sentido que la vida nos falla. En algún momento hay un punto de quiebre donde has sentido tanto dolor que no podías más.

De la manera en la que veas ese suceso que te haya ocurrido será lo que te ocurra a partir de ese momento.

> Somos los únicos responsables de crear nuestras vidas.

Para mí, la única forma que existe cuando miro un desafío es que esconde una oportunidad.

Es como un aprendizaje. De lo que aprendas te hará más fuerte y con la distancia ves que ha sido una oportunidad para ser mejor.

Por desgracia la gran mayoría decide hundirse y conformarse con lo que ha ocurrido.

El porqué unas personas lo ven de una manera y otros lo ven de otra es solamente por la manera en la cual se hablan a sí mismos, en cómo es su diálogo interno.

Cuando sufrí la depresión postparto me di cuenta de ello. Realmente mi manera de hablarme era terrible. No me quería nada ni me quería mirar al espejo. Mi mundo era oscuro, pero un día volví a conectar con mi alma y empecé a ver la luz.

No quería estar así, así que empecé a hablarme de otra manera. Mi hijo no se merecía que yo estuviera sin fuerzas ni energía o llorando todo el día.

Así que me dije "basta ya" y empecé a disfrutar, a sentirme feliz y todo empezó a fluir.

Como tampoco estaba conforme con mi peso fui a una nutricionista. Hice acupuntura y contraté a un entrenador personal.

Cambie mis hábitos alimenticios y en dos años perdí 18 kg.

Si tienes este libro en tus manos es porque algo de ti te ha dicho que quieres más en esta vida, que no te conformas.

Es decir, es por una causa y no por casualidad.

Mi misión es ayudarte mediante este libro para que recuperes tus niveles de energía, vitalidad y tu salud, porque tú eres el responsable de crear tu vida.

Cuando estaba pasando por la depresión estaba tan cansada que no toleraba nada ni a nadie. Era incapaz de dar el amor que sentía.

Como sé lo que es y sé cómo salir he decidido escribir este libro para ayudar a todas esas personas que se puedan ver identificadas.

Mi deseo para ti es que te conviertas en tu mejor versión, que tengas mejores relaciones, porque podrás más y por la ley de la correspondencia cuanto más des más recibirás a cambio.

Así que vamos a ello, vamos a empezar a trabajar en tu mente.

¿No te has planteado nunca por qué unas personas consiguen tener una vida extraordinaria, mientras otras no?

¿Por qué uno puede y otro no?

La respuesta es por sus mentes, sus esfuerzos y acciones realizadas, por no tener miedo al fracaso y levantarse más fuertes de las caídas.

El estado en el que vivimos marcará si el día va a ser un día fantástico o bien desastroso. Si somos la misma persona, ¿por qué no trabajar para que siempre sean días fantásticos?

Hay que dejar atrás los estados de confusión, depresión, miedo, angustia, duda, frustración…

**Nuestra conducta es el reflejo
de cómo nos sentimos por dentro.**

Si vas caminando por la vida pensando que tienes mala suerte, que la culpa son de los genes, que te has criado en una familia desestructurada y que por ello eres así…, te pido por favor que no te lo digas más, no lo creas más. Es solo tu mente buscando excusas, buscando justificaciones frente a no conseguir lo que realmente quieres.

Siempre es más fácil para la mente decir que es la culpa de los demás que realmente darse cuenta de que es culpa de uno mismo.

¿No te gustaría volver a recuperar la energía y vitalidad que un día tuviste?

Sin duda es posible, solo tienes que querer.

Es tu obligación salir de donde estés y ser una mejor versión para ti y para los que te rodean.

¡Vamos a dejar atrás tu pasado!

Si sigues estudiando este libro y poniendo en práctica lo que vas a aprender está garantizado que lo conseguirás.

Si yo he podido, ¿por qué tú vas a ser menos?

Vamos a empezar, vamos a ver cómo salir de ese agujero negro.

Créeme que te entiendo perfectamente y te estarás preguntado o diciendo que cómo lo hago, que "yo lo intento, pero no lo consigo".

Quizás ahora te parezca que no lo vas a conseguir, pero cuando conectas con la energía del universo, tienes fe y tomas acción lo imposible se hace posible.

Una de las cosas que tienes que tener en cuenta es que debes ser paciente. No sé cuánto tiempo te va a llevar, lo que sí te puedo decir es que sí se puede conseguir.

> **Elige creer, elige crear tu vida.**

O, ¿prefieres seguir como estás?

Estoy convencida de que no, si no, no hubieses escogido este libro.

Cuando empiezas a darte cuenta de que **TODO LO QUE NECESITAS ESTÁ EN TI,** el universo se pone de tu lado.

La clave está en la acción, así que voy a ayudarte a que tomes acciones responsables y determinantes.

Hay muchas veces en las que reaccionamos frente a una situación o algo que vemos automáticamente, que incapacita y limita, pero la buena noticia es que se puede aprender a controlarlo.

Cuando en uno de los eventos que participé tuve que caminar sobre brasas lo entendí. Esa experiencia me enseñó precisamente a eso, a controlar el estado de mente y mi comportamiento.

Entendí que puedo controlar mi mente y obtener otro resultado.

Antes de poder caminar por las brasas se realiza un ejercicio de meditación. Se nos enseñaba que podemos hacer todo lo que queramos hacer y utilizamos un grito de guerra; ese grito de guerra era nuestro anclaje que nos daba poder ilimitado para conseguir lo que quisiéramos.

Después, mientras pasaba por las brasas, iba pensando que pisaba musgo fresco.

Te prometo que es exactamente lo que me ocurrió. Antes de empezar grité mi grito de guerra "YO PUEDO", seguido de "musgo fresco, musgo fresco", mientras pasaba por encima. Parece imposible, pero fue posible.

SI CAMBIAS TUS CREENCIAS, LO IMPOSIBLE SE HACE POSIBLE.

Pese al temor inicial que pudiese haber tenido, lo vencí.

Era la misma persona, pero algo en mí había cambiado; mi creencia, mi miedo.

Cuando acabé me sorprendí al ver mis pies. Estaban completamente bien, un poco negros claro, pero no estaban dañados, ni rojos ni nada. Había conseguido cambiar la fisiología de mis pies y no sentí para nada calor. Sentía cómo pisaba la brasa, los carbones y sus formas, pero no su temperatura.

De hecho, me sorprendió cómo una de las brasas me "pinchaba". Debía estar colocada de punta y eso sí lo noté, pero no la temperatura porque me había auto programado para no sentirla.

Aún me parece increíble que lo hiciera, pero ahora entiendo cómo lo conseguí. Dominé mi mente y si lo puedo hacer con eso lo puedo hacer con cualquier cosa.

Quién me iba a decir hace cuatro años cuando no quería salir de la cama que hoy estaría escribiendo un libro sobre ello con la intención de ayudar a todas esas personas que puedan verse reflejadas.

Precisamente por haberlo logrado sé que te puedo ayudar a ti también.

> **Tu enfermedad es una limitación mental.**

Cuántos casos hay de personas que se han curado milagrosamente, pero no hay milagros. Sus curaciones son debidas a sus esfuerzos y acciones, a no querer aceptar la etiqueta.

Precisamente es lo que aprendes con la experiencia de caminar por las brasas, que si te reprogramas puedes salir de donde estés.

Tuve la oportunidad hace unos meses de participar en un seminario de una terapeuta que había sido diagnosticada de cáncer de útero. El estadio era bastante avanzado y no le daban más de un año de vida. Decidió dejarlo todo; su trabajo como enfermera, su marido, y se fue a la India.

Según ella explica, quería vivir lo que no había vivido, conocer otras realidades y viajar, y ella dice que el Tantra la encontró.

Esa persona se llama MirenLu y podéis comprobar vosotros mismos en Internet su historia: www.mirenlu.com.

El caso es que, al volver de la India, su cáncer había desaparecido.

Conectó con su energía interior, con la del universo, y sanó.

Transformó su fisiología y su cuerpo y sanó. Los médicos le dieron de alta por "remisión espontánea".

Mi padre es otro ejemplo. Su cáncer era terminal, se había llevado por delante una costilla. Tenía cáncer de pulmón y solo le daban un día de vida, pero estuvo cinco años más con nosotros. Se fue cuando ya no quiso luchar.

Entiendo cómo te sientes, por ello quisiera compartir lo que sé.

¿Me dejas ayudarte?

Gracias, gracias, gracias, estoy muy emocionada porque me dejes ayudarte.

Ponte la mano en el corazón y lee en voz alta:

YO SOY ENERGÍA,
ESTOY LLEN@ DE VITALIDAD.

LOS FRACASOS DE MI PASADO,
SON ENSEÑANZAS DE MI PRESENTE
Y VICTORIAS DE MI FUTURO.

YO SOY RESPONSABLE DE CREAR EN MI VIDA
FELICIDAD, ÉXITO Y RIQUEZA
PORQUE

¡¡¡TODO LO QUE NECESITO ESTÁ EN MÍ!!!

APROVECHA AL MÁXIMO LA LECTURA

"Lee y conducirás, no leas y serás conducido"

Santa Teresa de Jesús.

A continuación, te voy a explicar cómo yo he estudiado los diferentes libros que he leído para transformar mi vida.

1. Ten a mano siempre una libreta donde puedas apuntar los chispazos del alma. Son esos mensajes que te van a llegar en forma de revelación donde dices: "¡Vaya, ahora lo entiendo!".

2. Señala con marcadores en cualquier parte del libro qué quieras integrar en ti. Cuanto más te impliques en la lectura, más sacarás de ella. Subráyalo, hazle anotaciones, trabájalo. Por eso la gente que se haya descargado el libro tipo PDF no podrá obtener lo mismo que tú, que has pagado lo que vale. La mente no se implica de la misma manera cuando se paga por algo que cuando lo recibe gratis.

3. Comparte con tus familiares y amigos aquellos mensajes que creas que les pueden ayudar. Quizás en el momento en que les digas y compartas no te harán caso. No te sientas frustrado, todavía no están preparados para transformar sus vidas, pero habrás plantado una semilla en su interior y algún día brotará. Quizás tengan que ver el éxito en ti para preguntar: ¿cómo lo has conseguido?

4. Crea un grupo de lectura, implica a personas que creas que vibran en tu mismo nivel. Hay un proverbio africano que me encanta: **"Si quieres ir rápido camina solo, si quieres llegar lejos camina acompañado"**.

5. Haz las declaraciones después de cada capítulo y repítelas todos los días, cuantas más veces mejor. Lo imposible se hace posible.

Si has marcado el libro y lo repasas, verás que eres capaz de recordar lo que decía en ese capítulo más fácilmente.

Esta es otra disciplina que yo he integrado en mí cuando quiero aprender algo; lo subrayo y lo repaso.

Empecé en la universidad a hacerlo, incluso utilizaba diferentes colores dependiendo de la importancia o relevancia y luego lo trasladaba a un mapa mental.

Como soy muy visual, para mí es el mejor método de aprendizaje que existe. En el centro una palabra clave y de ahí van saliendo líneas que unen a otras palabras y así, con este método, pude retener cualquier tema.

Gracias a los mapas mentales, mediante simples palabras, puedes desarrollar todo el contenido y es mucho más sencillo de recordar porque la mente hace como una foto y a partir de cada palabra tienes la guía del tema.

Comparto contigo un ejemplo, por si quieres utilizarlo.

Vamos al lío, como se dice. Te espero en el próximo capítulo para empezar a trabajar en el control de tu mente.

Gracias, gracias, gracias, por dejarme ayudarte.

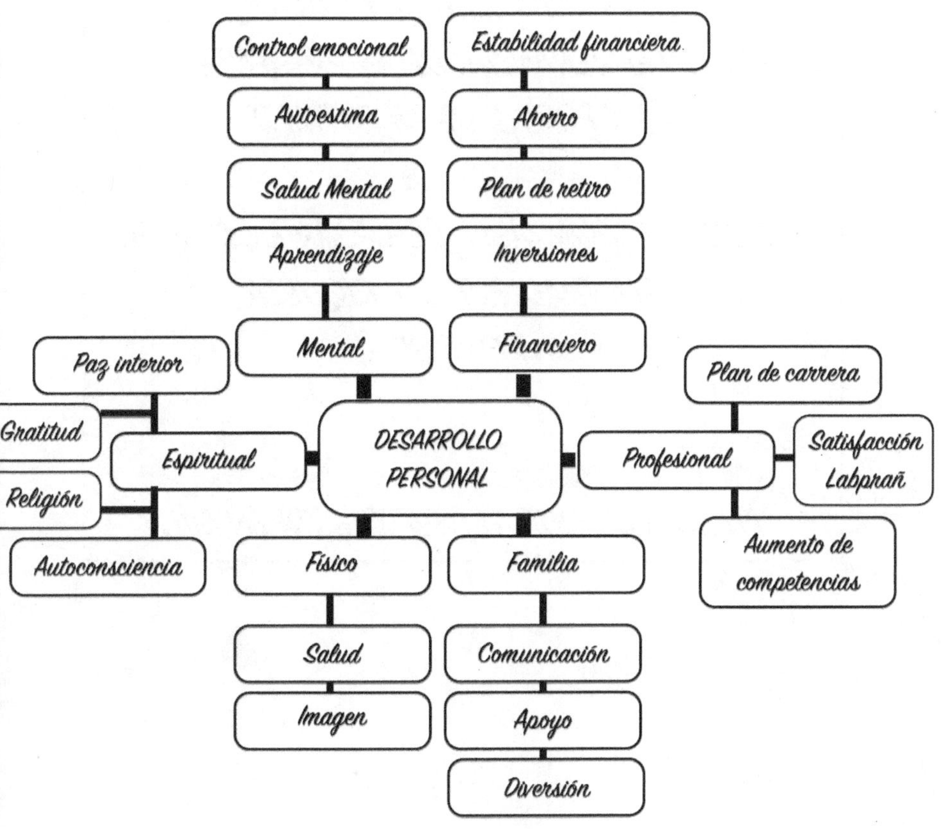

Ponte la mano en el corazón y lee en voz alta:

YO SOY ENERGÍA,
ESTOY LLEN@ DE VITALIDAD.

LOS FRACASOS DE MI PASADO,
SON ENSEÑANZAS DE MI PRESENTE
Y VICTORIAS DE MI FUTURO.

YO SOY RESPONSABLE DE CREAR EN MI VIDA
FELICIDAD, ÉXITO Y RIQUEZA
PORQUE

¡¡¡TODO LO QUE NECESITO ESTÁ EN MÍ!!!

RECUPERA EL CONTROL

"La tensión es quien crees que deberías ser.

La relajación es quien eres"

Proverbio chino.

Utilizamos conscientemente solamente el 5 % de nuestra capacidad mental y el resto son acciones derivadas de nuestro subconsciente.

El subconsciente trabaja de modo automático mediante las creencias implantadas.

Como hablamos en *Todo lo que necesitas está en ti*, el trabajar en las raíces del subconsciente y reprogramar tu mente hace que cambies las creencias limitantes por otras nuevas.

Tu mente es como un ordenador que tienes que ir actualizando mediante nuevas creencias para que no se quede obsoleto y las creencias se transforman con herramientas prácticas.

Una vez las identificas es más sencillo trabajar en ellas. Mira cómo es tu vida a nivel económico, social y de salud, y contesta sin pensar.

Vamos a volver a repetir el mismo ejercicio que te planteé para que veas si has avanzado o no de la última lectura. Te recomiendo que repitas este ejercicio de vez en cuando para que compruebes tu evolución.

Contesta sin pensar en un papel, sin analizar, solamente lo que se te cruce sin juzgar. No hay respuesta buena o mala, este ejercicio es solamente para que te des cuenta de lo que está en tu subconsciente y lo traigas al consciente para trabajar en ello.

1. Tu vida es…

2. Mi salud es…

3. El dinero es…

4. Los ricos son…

5. Mi mayor miedo es…

¿Lo has hecho? Si no es así, te pido por favor que pares la lectura hasta que te puedas tomar un momento a solas y en calma y lo puedas hacer.

¡Felicidades! Quiero felicitarte por haberlo hecho, el 80 % de las personas no se lo han planteado nunca, y el hecho de hacerlo ya define que eres una persona comprometida con tu cambio.

Ahora vamos a trabajar en la transformación. Para ello tienes que tener en cuenta que tendrás que decirte y pensar que:

1. Te mereces una vida extraordinaria.

2. Eres capaz de... (generar la salud, dinero, lo que quieras).

3. Date el permiso de... (vivir como quieras).

Con estas sentencias vas a evitar que tu mente sabotee y controle tus pensamientos y harás que tu subconsciente entienda lo que quieres.

Es una de las cosas que aprendí caminado por las brasas; el quemarte es una limitación mental.

Para poder pasar caminando por las brasas tuve que reprogramar mi mente mediante una meditación y reprogramación de mi subconsciente. Más adelante hablaré de la importancia que tiene meditar.

Si se puede crear una creencia nueva de que pasas por encima y no te quemas, está claro que se puede crear lo que se quiera.

Pasamos por las brasas más de 1400 personas, incluso menores.

Vamos a trabajar las creencias y posibilidades para que tus acciones te lleven a una vida mejor, a una vida saludable.

Si te sigues diciendo a ti mismo que no lo puedes conseguir, tienes razón, no lo vas a conseguir.

> **Hay que querer creer en que sí se puede tener una vida saludable. Lo normal es eso y lo anormal es estar enfermo.**

Tú decides si quieres tomar las riendas de tu vida o quieres seguir dejando que la corriente te arrastre.

Tienes que asumir el control de tus diálogos internos, ese es el primer paso que tienes que dar.

Da atención a tu mente, a tu cuerpo. Cuanto más te trates con cariño, más fácil será recuperar tus niveles de energía y vitalidad.

Durante toda tu vida la persona con la que vas a pasar más tiempo es contigo mismo, entonces háblate a ti mismo como le hablarías a tu ser querido, con cariño y amor.

No hay trampa ni cartón. Cuanto más le des, más recibirás.

La mayoría de las personas hacen muy poco para dirigir conscientemente su estado y sus pensamientos.

Te levantas por la mañana y cómo te sientas hará que sea un buen día o mal día, en lugar de hacerte responsable y tomar acción para que sea un día espectacular.

Si quieres recobrar tu salud, tienes que trabajar en:

1. Mentalidad.

2. Ejercicio físico.

3. Alimentación saludable.

Te sientes deprimido, estresado. Llegas a casa y lo primero que haces es darte un atracón o tomarte una cervecita porque te lo mereces.

Lo que se consigue es que tu mente asocie estar mal con comer mal o beber.

A corto plazo te va proporcionar placer, pero a largo plazo todo lo contrario.

Cuando te has zampado lo que has querido y más, que normalmente es comida basura o te has bebido una cervecita o copa de vino, y te has sentido bien, cuando se ha acabado… ¿Qué ocurre?

Pues que te sientes igual que estabas antes y en tu mente has creado una asociación de estar mal con "me merezco algo".

¿Te das cuenta de que no te haces ningún bien?

Tu mente ha creado una creencia de estar mal y beber o comer basura.

Cada vez que te encuentres en una situación similar vas a volver a encontrarte mal y vas a ir a por aquella comida, bebida o droga consumida.

En lugar de eso, podrías salir a pasear, hacer ejercicio, yoga, leer, meditar, hablar con un amigo... Hay miles de cosas que te van a ayudar mucho más para sentirte mejor.

Bien, pues basta ya. Voy a enseñarte a cómo cambiar este tipo de conductas.

En los siguientes capítulos aprenderás a descubrir lo que te va a motivar a ser tu mejor versión.

Gracias, gracias, gracias.

Ponte la mano en el corazón y lee en voz alta:

YO SOY ENERGÍA,
ESTOY LLEN@ DE VITALIDAD.

LOS FRACASOS DE MI PASADO,
SON ENSEÑANZAS DE MI PRESENTE
Y VICTORIAS DE MI FUTURO.

YO SOY RESPONSABLE DE CREAR EN MI VIDA
FELICIDAD, ÉXITO Y RIQUEZA
PORQUE

¡¡¡TODO LO QUE NECESITO ESTÁ EN MÍ!!!

CONTROLA TU MENTE

"Una mente disciplinada conduce a la felicidad y una mente indisciplinada conduce al sufrimiento"

Dalai Lama.

A estas alturas espero que ya hayas dejado atrás tus limitaciones y estés preparado para llevar una vida extraordinaria.

Me gusta repetir los mensajes porque es la manera en la que nuestra mente acepta nuevos conceptos.

Te conviertes en lo que piensas la mayor parte del tiempo. Los pensamientos que tienes hacen que te sientas de una determinada manera y que actúes en consecuencia. Así se refleja en tu realidad.

Pensamientos

+

Emociones

+

Acciones

=

Resultados

En el único punto que puedes tener control total es el de los pensamientos. Tú eres la única persona responsable de elegir pensar de manera negativa y/o limitante.

Por ello tienes que dirigir a tu mente y saturarla de pensamientos positivos.

Para conseguir ser quien quieres ser tienes que modelar a una persona que lo haya conseguido. Tienes que trabajar en tus valores porque la gran mayoría de las personas no se paran a pensar qué valores tienen.

Tener un valor claramente definido es algo que sin duda va a ayudarte en la vida, así que haré que enfoques tus pensamientos en esos valores.

Te propongo que hagas una lista con los valores que son más importantes para ti:

1.

2.

3.

4.

5.

Ahora plantéate la siguiente pregunta: ¿haces cosas en tu vida que tengan que ver con esos valores?

Si la respuesta es "no", piensa en qué podrías hacer para cada uno de los valores:

1.

2.

3.

4.

5.

Las personas de éxito se distinguen por dos valores en común: compromiso e integridad.

Para mí, además de estos dos, son muy importantes el amor, la sinceridad, la paciencia, el respeto y la valentía.

> **Si quieres tener una vida mejor, sin duda tienes que estar comprometido con ello y hacer cada día algo en esa dirección.**

Estos son solamente alguno de los valores que deberías poner en práctica si no lo haces todavía, pero existen muchos más valores que pueden ser importantes para ti.

Si el compromiso y la perseverancia no es algo que esté integrado en ti, para.

Cuantas más veces lo hagas, verás que te cuesta menos y al final acabarás integrando este valor como un nuevo hábito.

Yo no era nada paciente. Al contrario, solía ser bastante impulsiva y es algo que he trabajado mucho durante estos años que he enfocado mi vida en el crecimiento personal.

Quería ser paciente por muchos motivos, pero sobre todo por mi hijo.

En cada situación que me surgía lo ponía en práctica y a base de practicarlo hoy en día mi paciencia es uno de mis mejores valores.

Cuando pones en práctica a diario el valor que deseas tener, programas a tu cerebro y se acaba integrando en tu ser.

Tus conversaciones y tu diálogo interno tienen que estar siempre enfocados en pensamientos positivos. Cuando se te cruce por la mente algo negativo simplemente déjalo ir, no le prestes atención y vuelve a dirigir tu atención a donde tú quieres.

Puedes utilizar a diario afirmaciones, o las declaraciones por ejemplo que abras visto al final de cada capítulo, son precisamente para eso para empoderarte, para que sientas que es invencible.

Si no tomas conciencia de tu diálogo interno y te hablas a diario diciéndote qué bien has hecho algo, o "Me siento bien por haber caminado x pasos" o por haber ido al gimnasio o cuidado mi alimentación, prémiate con reconocimiento.

Puedes pensar en tu mente como si fuese un jardín. En ti hay plantadas semillas, semillas que harán que broten magníficas flores de olores embriagadores y colores preciosos, o bien semillas que harán que broten las malas hierbas.

Tu función es arrancar esas malas hierbas. Habrán algunas que tengan raíces más profundas y requerirán de más esfuerzo, en cambio otras podrás arrancarlas de cuajo sin ningún problema, pero si no decides tú arrancarlas crecerán y crecerán.

Eso es lo que ocurre con tus creencias y tus pensamientos.

> **Enfoca tu mente en aprender más sobre lo que más te guste.**

Lee libros, mira vídeos en YouTube, participa en grupos de conversaciones sobre ese tema o apúntate a una clase.

De ese modo estarás regando tu jardín para que las semillas de las flores mañana broten.

El poner atención en las malas hierbas, quejándote de lo feas que son, pero no haces nada para arrancarlas, no va a hacer que desaparezcan.

Al contrario, te sentirás fatigado y cansado. ¿No es mejor hacer algo y arrancarlas?

Cuando te esfuerces y lo consigas verás que las cosas empezarán a suceder y rara vez te sentirás decepcionado.

Valórate, aprecia quien eres. Eres único en este mundo.

Para ti, tú eres la persona más importante, tu mundo gira en torno a ti. La manera de interpretar lo que ocurre en él y en tus pensamientos solamente es por lo que tú decidas. Tú eres el único responsable de tus pensamientos.

Naciste con un potencial ilimitado. Cuanto más trabajes en ti y en tus hábitos, lo verás.

Eres libre para alejarte. Dios nos dio el libre albedrío por un motivo, para que lo tengas en cuenta y lo practiques.

La segunda creencia es que debes tomar acción y dejar de procrastinar.

La procrastinación, tal y como vimos en **Todo lo que necesitas está en ti**, es un gran enemigo del crecimiento personal, del conseguir tus metas, de sanar.

La gran mayoría de personas no son conscientes de que dentro de ellas hay un diamante que puede brillar y deslumbrar, pero para ello tienen que pulirlo trabajando en él.

Tú sabes que tienes un gran poder en ti y todo lo que necesitas para dominar tu mente está en ti.

Deja las excusas, nunca será el momento si te lo planteas. Las excusas están basadas en mentiras y lo único que hace es dinamitar tu camino. Tan solo empieza con algo, por pequeño que sea.

En el siguiente capítulo voy a enseñarte a que creas en ti.

Gracias, gracias, gracias por estar ahí.

Ponte la mano en el corazón y lee en voz alta:

YO SOY ENERGÍA,

ESTOY LLEN@ DE VITALIDAD.

LOS FRACASOS DE MI PASADO,

SON ENSEÑANZAS DE MI PRESENTE

Y VICTORIAS DE MI FUTURO.

YO SOY RESPONSABLE DE CREAR EN MI VIDA

FELICIDAD, ÉXITO Y RIQUEZA

PORQUE

¡¡¡TODO LO QUE NECESITO ESTÁ EN MÍ!!!

CREE EN TI

"El hombre que mueve una montaña empieza llevando pequeñas piedras"

Confucio.

Cualquier persona de éxito no necesita de nada externo para sentirse feliz.

Saben conectarse con su energía interior y conseguir lo que quieren en la vida.

Tienen fe en que lo conseguirán.

Seguramente al haber leído FE habrás tenido pensamientos o creencias ligadas con temas religiosos.

Ahí hay ya una muestra de cómo tu mente dirige tu pensamiento.

FE es saber que vas a conseguir lo que te has propuesto, que no hay otra opción, que no hay dudas.

Todos nosotros, dentro de nuestras mentes, tenemos creencias y algunas nos ayudan y otras nos perjudican.

La fe ayuda a estar centrado en lo que quieres, es una guía que te servirá para ayudarte en el camino.

Sin duda sabrás quién es Sofía Vergara. Esta magnífica actriz sufrió cáncer con 28 años y tras una operación exitosa su cáncer fue curado.

Otro ejemplo es Antonio Banderas, que le extirparon un bulto del tamaño de un puño, según dijo él, de su espalda.

Claro que recibieron tratamientos médicos, pero sin duda su fe les ayudó. En su mente solo existía la posibilidad de salir de ahí.

Ambos actores llevaron sus vidas a un siguiente nivel al vencer su enfermedad.

Para conseguir el nivel de salud deseado tienes que empezar cambiando tus propias creencias.

> **Las creencias que uno tiene son las responsables de controlar la mente, incluso el cuerpo.**

A través de las órdenes que el cerebro emite puede afectarte a nivel fisiológico.

Seguro que has oído hablar del efecto placebo. Cualquier medicamento que se lance al mercado se realiza con un grupo de pacientes a los cuales se les suministra el medicamento y a otro grupo se les da aparentemente el mismo medicamento, pero en el que su composición química no lleva ningún principio activo, no lleva nada.

Se ven igual, saben igual, pero uno lleva el fármaco y el otro no.

Para demostrar que el fármaco es efectivo siempre se compara con placebo y en los resultados de los ensayos clínicos se justifica en qué porcentaje el medicamento fue más efectivo que el fármaco.

Siempre hay un número de pacientes que se curan a pesar de que sean del grupo placebo.

Ahí se demuestra claramente la creencia que asocia el paciente al fármaco que le ha suministrado, aún y cuando no contenía ningún principio activo.

La fe que habían puesto en el medicamento placebo les había hecho mejorar o incluso curarse.

La FE puede ser tanto positiva como negativa. En los pacientes que se curan por el efecto placebo está claro que el efecto ha sido positivo.

Pero también nos podemos encontrar todo lo contario. Si crees que vas a fracasar en algo, sin duda lo harás, porque tienes la convicción de que no lo lograrás.

> **Tanto si te dices a ti mismo que puedes, como si no, tienes razón.**

En el momento en que te des cuenta de que tú eliges, que tú puedes controlar tus creencias de manera consciente, es cuando surge la magia.

Por ello debes elegir bien en tu vida. Elige aquello que te lleve a conseguir lo que quieres y aléjate de lo que no quieres.

Estás agotado, no tienes energía y lo único que te apetece es estar en el sofá.

Pues tienes que hacer todo lo contrario. Ponte las zapatillas y sal a caminar por la naturaleza, apúntate al gimnasio, haz yoga o pilates; lo que te apetezca, pero cree que puedes hacerlo y deja atrás la creencia de que te da pereza o "Ya lo haré mañana".

**Tu FE en ti mismo,
en que tú puedes lograrlo,
determinará tu éxito.**

Si tú le dices a tu mente que puedes, tu cerebro va a enviar la orden de que puedes y se van a abrir las puertas para que halles las respuestas necesarias para conseguirlo.

A partir de ahora cuando te mires en el espejo no veas lo que eres hoy, tienes que mirarte imaginándote quién quieres ser.

Cuando quise salir de la depresión no me rodeé de gente que estaba mal, al contrario, me esforcé por estar bien, en salir en viajar aunque no me apeteciese pero lo hacía.

Enfoqué mi atención en ser feliz, en dormir profundamente toda la noche sin que se interrumpiera el sueño.

Y lo logré, y te ayudaré a que tú también lo logres.

No dudes más y ten FE.

Gracias, gracias, gracias por seguir aquí. Te espero en el siguiente capítulo.

Ponte la mano en el corazón y lee en voz alta:

*YO SOY ENERGÍA,
ESTOY LLEN@ DE VITALIDAD.*

*LOS FRACASOS DE MI PASADO,
SON ENSEÑANZAS DE MI PRESENTE
Y VICTORIAS DE MI FUTURO.*

*YO SOY RESPONSABLE DE CREAR EN MI VIDA
FELICIDAD, ÉXITO Y RIQUEZA
PORQUE*

¡¡¡TODO LO QUE NECESITO ESTÁ EN MÍ!!!

ENFÓCATE

Cualquier acontecimiento inolvidable de tu vida te habrá marcado con un impacto emocional y por eso recuerdas con detalles qué estabas haciendo, quién había contigo, dónde estabas…

Por ejemplo, ¿recuerdas dónde estabas cuando cayeron las Torres Gemelas?

Seguro que sí, si tienes la edad suficiente para acordarte de ello, claro.

Lo mismo ocurre con todas aquellas situaciones que te hayan proporcionado un dolor o un placer intenso.

Sentir dolor es algo que marca mucho más que el placer, por eso tu mente siempre se esforzará más para alejarte del dolor que por darte placer.

A través de nuestras experiencias y conocimientos también creamos creencias.

Como el cerebro está programado para ver lo que ya sabe e ignorar al resto, cada uno de nosotros frente a una situación la podemos interpretar de diferente manera.

Cuando las personas no consiguen lo que quieren en la vida se sienten defraudadas.

Si permites que ese sentimiento te invada en lugar de seguir trabajando en conseguir lo que quieres, retroalimentas la limitación en ti. La única manera de vencer es cambiar la manera de actuar que tenías hasta ahora, modificar tus creencias y pensamientos y así sentirás de otra manera.

No podemos literalmente cambiar el mundo, ni tampoco a las personas que te rodean, pero sí puedes elegir de qué manera quieres vivirlo y hacer algo para que este mundo sea algo mejor.

> **Al aceptar una nueva manera de actuar, la mentalidad cambia. Cambia tu paradigma.**

Si aprendes a mirar las cosas de una manera diferente a como lo has venido haciendo hasta ahora, empezarás a ver otros matices, otras opciones.

Puedes leer miles de libros como este, pero no se va a enseñar nada si no haces algo con ellos, si no tomas acción diaria para ponerlo en práctica.

No es lo mismo leer que aprender y en un mundo donde todo cambia tan rápido lo mejor que puedes hacer por ti mismo es aprender a adaptarte a lo nuevo y decidir qué hacer con lo que sabes.

Cuanto más claro tienes qué es lo que quieres, más fácil va a ser lograrlo porque vas a planificar tu día, tu vida y toda tu actividad a avanzar hacia lograr lo que quieres. Verás que como por arte de magia, si mantienes tu enfoque, tu comportamiento cambia.

Al escribir tus metas a diario utilizas la técnica de la escritura. Reprográmatela, reprograma la mente. Pon por escrito lo que quieres lograr en la vida cada día y escríbelo siempre como si ya lo hayas conseguido.

Cuando entiendes el porqué de las cosas, por qué cada uno es como es, todo se vuelve más sencillo.

Tienes que también identificar la verdadera razón por la cual quieres lo que quieres y hacer una asociación al resultado. Es decir, saber lo que quieres y por qué lo quieres. Estableces esa unión entre querer y el por qué y sientes la emoción.

Muchas veces no se logra lo que uno quiere porque no se tiene bien definido su por qué.

Hay un libro que trata precisamente de eso, *Los hombres son de Marte, las mujeres son de Venus*, de John Gray; un libro que ayuda a entender a hombres y mujeres, lo diferentes que somos cada uno de nosotros y cómo cambiar las necesidades sin entrar en conflicto.

Por eso es vital el conocimiento. Con él puedes entender por qué te ocurre lo que te ocurre y puedes aprender nuevas maneras de conseguir lo que quieres porque si otros lo han logrado tú también puedes.

Para establecer una nueva creencia tienes que imaginarte a ti mismo cómo quieres verte y sentir que ya lo has conseguido.

Vamos a forzar a tu mente para que haga lo que tú quieres que haga, pero para ello tienes que tener claro cuál es tu punto de partida.

Te preguntarás: ¿y cómo?

ENFOQUE, ENFOQUE Y ENFOQUE.

Cuando el psicólogo me dijo que tenía depresión postparto tenía dos opciones: aceptarlo o luchar contra ello.

Sin duda decidí lo segundo. No me rodeé de otras mamás que también se sintieran así, al contrario. Lo fácil hubiese sido hacer eso porque hubiese justificado a mi mente lo que me pasaba. Hubiese pensado "¿Ves? Es normal. No soy la única" y me retroalimentaría con lo que les ocurría a otras.

Cuando alguien te entiende te sientes cómodo y para salir de donde estás precisamente te tienes que sentir incómodo, esforzarte a hacer lo que no quieres hacer, pero lo sabes. En tu interior sabes lo que necesitas porque la solución está en ti.

Si para ti ya no hay más opción que tener salud, entonces tienes que dejar de rodearte de gente que te hable de ello, dejar de mirar o buscar información sobre el problema como cuáles son sus síntomas por Internet.

Deja de poner tu energía en lo que no quieres y empieza a poner atención en dónde quieres estar.

Para ayudarte a pensar te voy a pedir que realices el siguiente ejercicio: ¿qué es lo que te impide conseguir lo que quieres?

Tómate tu tiempo y no sigas leyendo hasta que respondas a esta pregunta.

Apúntala en un papel, a mano, porque el mero hecho de escribir lo que piensas hace que se cree en tu cerebro una huella.

Las tabletas y los portátiles están en nuestras vidas y hemos perdido esa conexión que teníamos.

Al tomar notas escritas con la mano te va a permitir interpretar la información, así que te animo a que lo hagas.

En mi caso era que no me daba cuenta de que estaba pasando una depresión, pero cuando lo detecté inmediatamente decidí controlar mi vida.

Escribe ahora cinco respuestas:

1.

2.

3.

4.

5.

Ahora reescríbelas en creencias potenciadoras que te ayuden a conseguir lo que quieres.

1.

2.

3.

4.

5.

Para cada creencia potenciadora ahora asocia una acción a realizar que te lleve a conseguir lo que quieres.

1.

2.

3.

4.

5.

¿Lo has hecho?

¡Felicidades! Ya estás más cerca de conseguir lo que quieres.

Si te ha dado pereza, te has dicho "Luego lo haré", no lo harás. Y como haces una cosa las haces todas, así que te pido por favor, porque sé que funciona y quiero lo mejor para ti, que vuelvas a la página anterior y no sigas la lectura hasta que escribas todas las respuestas.

Ahora piensa en una persona, en una persona a la que le puedas pedir que te acompañe en este viaje de conseguir tus objetivos.

¿La tienes?

Envíale una foto de lo que has escrito y pídele que te ayude, que esté ahí y que en los momentos duros te lo recuerde.

La importancia de elegir bien quien te va a ayudar es crucial para conseguir el éxito.

Al compartir las experiencias, tus logros y dificultades no te vas a sentir solo.

Y en los momentos de bajón, si todavía no estás entrenado y no consigues dominar tu mente, esa persona te va a dar la fuerza para lograrlo.

Todo ocurre por un motivo.

Quizás ahora no lo veas, pero el tiempo te demostrará que has aprendido de esta experiencia.

La mentalidad de las personas con éxito es que siempre se centran en lo positivo, en lo que pueden extraer de esas experiencias.

Seguramente te estarás saboteando a ti mismo ahora diciendo: pero, ¿qué puedo sacar de positivo?

Ahora no estás todavía preparado para sacar ninguna conclusión porque estás en el proceso de salir de tu enfermedad.

Pero una vez lo logras verás que puedes sacar muchas enseñanzas.

Toda adversidad es una semilla de la bendición que vendrá en el futuro.

Si quieres conseguir un resultado extraordinario, piensa de esta manera.

No dejes que emociones negativas te contaminen el alma.

Cuando vivimos desde el victimismo pensamos que nuestra vida es consecuencia de malas decisiones de otros y no de nosotros, así que culpamos a la política, a nuestros padres, a la gestión de un país, etc.

Debes saber algo: **si no eres parte del problema, no puedes ser parte de la solución**. Aprende a responsabilizarte de lo que te ocurre porque prácticamente todo lo que nos pasa nace en nuestros pensamientos, estos llevan a unos sentimientos, a unas acciones y provocan unos resultados.

Yo viví muchos años en el victimismo e incluso cuando me contaron esto me enfadé porque yo decía que no me estaba creando esa vida que llevaba. Hasta que me di cuenta de que, cambiando mi interpretación sobre mi vida, mi vida cambiaba. Parece magia, pero no lo es.

Esto ocurre porque si cambias tu interpretación y empiezas a ver lo positivo, por poco que haya, te enfocas en eso y empiezas a atraerlo porque tu cerebro empieza a buscar más cosas positivas y en esta vida encontramos lo que buscamos de manera inconsciente.

Este punto es clave porque mucha gente va a querer darte consejos de cosas que ellos no han conseguido y en las que tampoco han ayudado a nadie a conseguirlo. Los consejos de personas así no sirven.

Haz caso a los consejos de personas que han logrado lo que tú quieres y que además han conseguido que otras personas a las que han ayudado lo hayan conseguido.

No es casualidad que a mí me vaya bien después de haber invertido miles de euros en formación y mentores. Y a día de hoy sigo teniendo mentores y sigo invirtiendo, no voy a dejar de hacerlo porque el proceso de crecer, de expandirte, es infinito. Mi objetivo es mejorar cada día y poder ayudar a los demás demostrando mis resultados.

Como siempre digo, tu corazón tiene un tamaño determinado y puedes llenarlo de amor y gratitud o de odio y rencor, tú eliges. Si lo llenas de amor y gratitud vas a enfocarte en lo positivo y eso es lo que verás allá donde vayas y, si lo llenas de odio y rencor, vas a enfocarte en lo negativo y de igual manera es lo que verás allá donde vayas.

Como ves, es muy simple. Yo me siento tremendamente agradecida a mis padres porque en gran parte soy quien soy gracias a ellos y también agradecida a personas que me pusieron las cosas difíciles en el pasado porque, gracias a eso, me hice más fuerte. **Agradezco también cada problema** porque, en realidad, los veo como maestros encubiertos.

Un ejercicio por el que puedes empezar es escribir cada día en un cuaderno una cosa que agradezcas y así irás entrenando a tu cerebro a pensar en lo positivo y sentir amor y gratitud.

Espero que ya hayas empezado a trabajar en tus creencias. Seguimos en el siguiente capítulo profundizando un poco más.

Gracias, gracias, gracias por seguir conmigo.

Ponte la mano en el corazón y lee en voz alta:

YO SOY ENERGÍA,
ESTOY LLEN@ DE VITALIDAD.

LOS FRACASOS DE MI PASADO,
SON ENSEÑANZAS DE MI PRESENTE
Y VICTORIAS DE MI FUTURO.

YO SOY RESPONSABLE DE CREAR EN MI VIDA
FELICIDAD, ÉXITO Y RIQUEZA
PORQUE

¡¡¡TODO LO QUE NECESITO ESTÁ EN MÍ!!!

TU FISIOLOGÍA

La mente huye del fracaso, es como si estuviera programada para ello.

Pero en la vida siempre habrá fracasos. La diferencia entre las personas que tienen éxito de las que no es que las primeras las ven como enseñanzas mientras que a las segundas les hace cada vez más pequeñas.

No hay que tener miedo a intentar las cosas y fracasar, al contrario.

Si lo intentas al menos habrás ganado una experiencia de la que habrás podido aprender.

> Si te quedas donde estás no esperes resultados diferentes, nunca sucederán.

Si antes de hacer algo ya estás pensando en que vas a fracasar y te imaginas que va a salir mal, garantizado que es lo que ocurrirá.

¿No sería mejor que te dijeras todo lo contrario?

¿Qué puedes perder?

En el camino tiendes a ganar experiencia y con la experiencia se aprende.

Te propongo un ejercicio.

Piensa en algo en lo que hayas fracasado en la vida.

¿Lo tienes? Bien, escríbelo.

Ahora piensa qué has aprendido de ello.

Como siempre digo, no sigas leyendo hasta que hagas el ejercicio, por favor.

Para mí, sin duda, el haber pasado por la depresión me enseñó que yo puedo controlar mi mente, que depende de lo que me diga me voy a sentir de una manera o de otra.

Me enseñó a no conformarme con ello y gracias a esa depresión hoy estoy escribiendo este libro.

Seguro que, si me hubiesen dicho en el momento que estaba en medio de la enfermedad, que algún día escribiría un libro, pensaría que esa persona que me está diciendo eso está loca.

Te puedo garantizar que, si quieres, puedes.

Hoy en día soy más feliz de lo que lo he sido en toda mi vida.

> En lugar de ver en tu vida cada obstáculo, cada problema como una piedra más a cargar, suelta la mochila, libérate y aprende de ello.

Si supieras con certeza ahora mismo que vas a conseguir ser feliz, ¿verdad que harías todo lo necesario para conseguirlo?

Esa es la actitud que debes tomar.

> Los fracasos en sí mismo no existen, solo son resultados.

No dejes que las circunstancias o que otras personas dirijan tu vida.

Solamente tú eres responsable de crear tu vida.

Puedes seguir viviendo de dos maneras diferentes: dejando que tu mente te dirija la vida como ha hecho hasta hoy o bien decidir conscientemente que tú puedes dominar a la mente con tus pensamientos y acciones.

Para lograrlo tienes que tener contigo mismo un compromiso firme, si no, no será posible alcanzar tus metas.

Los científicos han demostrado que durante toda nuestra vida somos capaces de crear nuevas conexiones neuronales.

Si creas la imagen en tu mente de que eres feliz y la visualizas a diario constantemente, una nueva imagen mental va a hacer que te sientas de una manera diferente. Al tener esa emoción empezarás a actuar diferente y con el tiempo serás precisamente lo que quieres, feliz.

Cada vez que tu mente te diga que no puedes, que no tienes energía, que no te apetece, párala.

Ponte la música que más te guste y empieza a bailar, a saltar o haz una meditación. Cambia esa conducta por un nuevo hábito.

Es normal, todos sufrimos bajones y no por ello hemos fracasado.

Cuando a mí me pasa, lo que hago automáticamente es ponerme una canción que me encantaba cuando tenía 20 años, "Flying free" de Pont Aeri, y automáticamente me pongo a saltar y me invade la felicidad que sentía en ese momento.

Sería genial si tú pudieses tener una asociación igual. Cuando te sientas mal ponte la música y empieza a bailar.

Cambia tu fisiología inmediatamente. Si lo haces, tendrás una palanca estupenda para salir del bucle negativo.

Hay una clara conexión entre tu fisiología y la representación interna de un suceso.

Va a cambiar tu postura, mirada hacia al suelo, tu expresión facial, tu tensión muscular, tu tono de voz.

> **Cuando te sientes bien tu postura es erguida, tus ojos brillan y se dibuja una sonrisa en tu cara.**

Pruébalo, no me creas.

Cuando uno siente que se cae por el suelo ve la vida de una manera muy diferente a cuando estás bien.

Recuerdo una vez que mi hijo me dijo "Mami está enfadada" y yo le dije "No, cariño. ¿Por qué me preguntas eso?" y me dijo "Porque tu cara está así", haciendo el ceño fruncido y labios apretados.

Ese fue un clic mental que me hizo decidir cambiar mi vida. Para nada estaba enfadada, pero esa era la imagen que le estaba dando a mi hijo.

Por dentro me sentía mal, cansada.

Yo he visto la vida oscura, como una cuesta arriba, injusta y sin sentido.

Pero hoy la veo totalmente diferente, es maravillosa, es un regalo.

Nadie decide conscientemente que se quiere sentir mal, deprimido o desgraciado.

Si quieres sentirte feliz, basta con cambiar tu fisiología. Empieza a caminar firmemente, tira los hombros hacia atrás y respira profundamente.

Ahora salta. Sí, salta, salta, o muévete con energía y pon una sonrisa en tu boca.

¿Cómo te sientes si lo haces?

Creo que es imposible sentirse deprimido en ese estado.

El mensaje que le has enviado a tu mente es que te sientes bien.

Cambias tu fisiología y en consecuencia has sentido de manera diferente.

Si no, ¿cómo miles de personas fueron capaces de pasar por las brasas? Pues haciendo lo mismo, cambiando la fisiología.

En ese momento estás en un estado de total confianza y avanzas por las brasas con total seguridad, pisando fuerte y teniendo la certeza de que no te vas a quemar.

De hecho, no notas en ningún momento, antes de empezar, ningún tipo de calor.

Cualquier comportamiento que tengas es solamente el resultado de cómo te encuentras en ese momento.

Piensa en cómo te vas a sentir cuando salgas de tu enfermad.

Para seguir enfocado en ello, te espero en el próximo capítulo.

Gracias, gracias, gracias por dejarme ayudarte.

Ponte la mano en el corazón y lee en voz alta:

> *YO SOY ENERGÍA,*
> *ESTOY LLEN@ DE VITALIDAD.*
>
> *LOS FRACASOS DE MI PASADO,*
> *SON ENSEÑANZAS DE MI PRESENTE*
> *Y VICTORIAS DE MI FUTURO.*
>
> *YO SOY RESPONSABLE DE CREAR EN MI VIDA*
> *FELICIDAD, ÉXITO Y RIQUEZA*
> *PORQUE*
>
> *¡¡¡TODO LO QUE NECESITO ESTÁ EN MÍ!!!*

CUÍDATE

Probablemente sientas cómo una parte de ti quiere creer, pero hay otra todavía que se resiste.

Es una lucha interna entre tu mente y tu alma.

Si quieres triunfar, y supongo que sí, si no de otro modo no seguirías leyendo, tienes que escuchar a tu alma, a tu intuición y utilizar todos los recursos que tengas, mentales y físicos, para alcanzarlo.

Hasta ahora supongo que todo lo que habrás leído te parecerá que tiene sentido para ti, pero por alguna razón no acabas de creértelo. Si ese es el caso déjame que te diga que tu mente sigue dominándote, sigue confundida.

Envías a tu mente señales confusas. Por un lado dices "Sí, es verdad, es lo que tengo que hacer, lo sé", pero no lo haces.

Y así seguirás hasta que decidas que quieres hacerlo, que decidas creer y actúes de acuerdo a eso.

> **Una de las recetas infalibles para cambiar el estado en el que te encuentras es hacer ejercicio.**

Puedes empezar caminando. Camina a diario por la naturaleza, si estás cerca del mar, por ejemplo. Empieza con un reto de número de pasos, 2000 por ejemplo, y vete aumentándolos.

Últimamente se dice que para tener un corazón sano tenemos que andar 10.000 pasos diarios.

Es un hábito que puedes adquirir sin ninguna otra inversión que tu tiempo.

Domina tu mente y rechaza pensamientos negativos como "No tengo tiempo" o "Qué pereza".

Si vas a trabajar en coche, aparca el coche más lejos, sube las escaleras y deja el ascensor. Verás que estos pequeños cambios hacen que te sientas mejor al final del día.

Vas a conseguir muchos **beneficios** como:

1. Mejorar la salud de tu corazón. Vas a aumentar la cantidad de sangre oxigenada.

2. Vas a fortalecer tus pulmones porque van a recibir más oxígeno.

3. Vas a liberar endorfinas que son las hormonas encargadas de combatir el estrés y la ansiedad.

4. Vas a dejar atrás la sensación de fatiga.

5. Vas a aumentar tu estado de ánimo porque vas a sentir que has logrado algo.

Respira. Haz durante el día varias respiraciones profundas, para por unos segundos y respira profundamente.

La falta de oxígeno en tu cuerpo desempeña un papel muy importante en tu calidad de vida.

Mediante la respiración eliminamos las toxinas.

Los tiempos que yo utilizo son:

- 4 segundos de inhalación;

- 6 segundos de retención;

- 8 segundos de exhalación.

Lo ideal sería que lo hicieras tres veces al día y 3 veces cada vez.

Conectar contigo mismo y respirar profundamente o lentamente calma y aporta bienestar cuando lo practicas.

Son prácticas básicas que se enseñan en yoga o en el *mindfulness*.

¿Sabes qué es realmente el *mindfulness*?

Es una práctica que tiene miles de años y cuyo objetivo es que te conozcas a ti mismo para que puedas reflexionar sobre las cosas que te pasan y piensas y para que utilices tu mente como una herramienta para conseguir lo que quieres.

En lugar de mirar para otro lado, se trata de poner plena atención en lo que deseas y no dejarte llevar por los pensamientos negativos que intentan dominarte.

Al principio de practicarlo a todos nos cuesta mantener la concentración por más de unos breves instantes, pero se consigue con la práctica. Todo el mundo puede hacerlo y hay que conseguirlo con compromiso y repetición para que se cree el hábito en ti.

En realidad no se trata de poner la mente en blanco, sino de poder ser consciente del aquí y del ahora.

Para hacerlo no necesitas nada, solamente querer hacerlo.

Tampoco se necesita tanto tiempo. Para empezar puedes ir dedicando varias veces al día un minuto donde solamente te concentres en tu respiración. Solamente un minuto, puedes hacerlo.

Una vez tienes el hábito del minuto, sube a 5 minutos. En realidad entre 5 y 10 minutos al día es suficiente.

Si todavía no crees que esto es para ti, piensa con sinceridad acerca de las siguientes preguntas:

- ¿Le das vueltas a las cosas?

- ¿Entras en pensamientos en bucle?

- ¿Tus pensamientos negativos te dominan a veces o muchas veces?

- ¿Puedes dejar de pensar en algo cuando quieres?

Estoy segura de que habrás respondido que sí a alguna o a todas las preguntas. Eso indica claramente que tu mente necesita, como diría un informático, un reseteo.

Necesitas limpiar todos esos pensamientos para poder controlar tu mente. Todo lo que necesitas para el control de tu mente está en ti.

El momento presente es el único que existe por eso es tan importante que en cada momento controles a tu mente con la información que tú quieres poner. Si no lo haces tú otros lo harán, los medios, familiares, amigos…, inundarán tu mente, a no ser que tú decidas tomar el control.

Así que vamos a ponerlo en práctica ahora mismo. Para de leer y pon un minuto en tu reloj, móvil, alarma, lo que tengas más cerca, y respira. Siente tu aire entrando, la vida entra por nuestros pulmones ya que sin ese aire no viviríamos. Aguanta el aire unos segundos y exhala lentamente.

Como has visto, solamente se trata de poner atención a algo tan vital como es respirar. Lo hacemos constantemente, pero no pensamos en ello ni lo analizamos.

Mediante el oxígeno que entra en nuestro cuerpo alimentamos cada una de las células, inhalas oxígeno y lo llevas a tus células. Cuanto más oxígeno, más relación sientes y tus músculos dejan de estar tensos.

Al exhalar eliminas dióxido de carbono, que es un residuo que todos creamos. Es un gas natural que proviene de todos los procesos metabólicos de nuestros cuerpos y al expulsarlo eliminas esas toxinas que están dentro de ti de forma regular.

El ritmo de respiración no suele eliminar del todo esas toxinas, por eso es tan beneficioso practicar cualquier técnica de relajación que te ayude a conectar con tu respiración. Respirar profundamente debería ser algo que nos enseñaran desde edades tempranas a todos.

Ahora piensa cuando te das un golpe y te haces daño. ¿Qué haces automáticamente sin pensar?

Exacto, contener la respiración. Es un mecanismo que nuestra mente utiliza, pero cuando sufrimos de cualquier otra dolencia no lo practicamos. Pruébalo, no me creas. Sea lo que sea que sufres conecta con tu respiración y lleva aire a todos las partes de tu cuerpo y exhala lentamente durante 10 minutos.

Vas a eliminar endorfinas, que son un analgésico natural que está dentro de ti.

Puedes empezar utilizando meditación guiada. En mi canal de YouTube "Lorena Farré - Todo lo que necesitas está en ti" podrás encontrar algunas meditaciones u ondas para ayudarte a conectar con tu yo interior.

Cuando domines la meditación y seas capaz durante varios días seguidos de meditar por lo menos 10 minutos al día, puedes añadir la técnica del anclaje.

Un anclaje se utiliza en la Programación Neurolingüística (PNL) y lo que hace es asociar un estímulo sensorial a una emoción.

Piensa ahora en un gesto que puedas hacer de manera sencilla y en cualquier situación y que te ayude a entrar en ese estado de calma. Por ejemplo, con pulgar y el índice cogerte la mano contraria.

Halla cuál puede ser el tuyo. Piensa en cualquier gesto que puedas utilizar y asociaremos la sensación de paz y tranquilidad que sientes cuando meditas a ese gesto.

Te propongo que, cuando tengas tu próximo momento de relajación, entres en mi canal y escuches las prácticas que he diseñado para anclar y practiques.

Con el dominio a diario de esta técnica verás que cada día eres más capaz de controlar tu mente en cosas cotidianas, cosas que antes te hubiesen sacado de tus casillas, irritado, molestado o creado un sentimiento de tristeza. Ahora no van ocurrir, no lo vas a permitir.

Como digo siempre, compruébalo. No tienes nada que perder y sí mucho que ganar.

Meditar es tomar el control de tu mente.

Otra de las prácticas que te recomiendo a partir de ahora es comer sano. Cuanto más vegetales, frutas y legumbres comas, más vas a ayudar a tu organismo a desintoxicarse.

Como dice Edward Stanley:

"Aquellos que piensan que no tienen tiempo para una alimentación saludable, tarde o temprano encontrarán tiempo para la enfermedad".

Comer sano, sin duda, es una de las prioridades que también tienes que implementar en tu vida.

Basar la comida en vegetales y frutas, en lugar de comida basura, va a ayudarte a tener los niveles de energía que tanto anhelas.

El agua que van a aportar estos alimentos van ayudarte a eliminar de tu cuerpo las toxinas creadas.

La acumulación de toxinas en tu cuerpo está relacionada con tu estado de ánimo, con tu enfermedad.

Cuanto más oxígeno le lleves a tus órganos gracias a las respiraciones, y más toxinas elimines gracias a los alimentos, mejor vas a dormir y sentirte.

Hay una creencia muy instaurada en la sociedad donde se dice que para ser fuerte y tener energía debes comer mucha proteína y esta solamente viene de la carne.

No hay falsedad más grande.

Personalmente no soy vegana, pero sí me acerco todo lo que puedo a tener una vida vegetariana para poder aportar el mayor número de *veggies* a mi cuerpo.

Hay grandes atletas mundiales que son veganos.

También Pitágoras, Sócrates, Platón, Leonardo Da Vinci, Isaac Newton y Thomas Edison, todos ellos, fueron vegetarianos.

En realidad, se trata de que aportes a tu cuerpo lo básico de cualquier alimentación. Si no sabes cómo hacerlo te recomiendo que consultes un nutricionista, este te guiará para que puedas establecer tu plan.

Me gustaría compartir contigo tres ideas básicas que yo he instaurado en mi dieta y de las que he visto grandes resultados:

- Comer al menos 3 piezas de fruta al día.

- Que tu plato sea, al menos la mitad, vegetales (a la mañana y a la noche).

- Comer un puñado de frutos secos al día (aquí me gustaría hacer un hincapié en las nueces, aparte de que te aportan Omega- 3, fíjate en la forma que tienen, se parecen a un cerebro).

Si cuidas tu cuerpo está garantizado que tendrás mejores niveles de energía y vitalidad.

Gracias, gracias, gracias, por estar aquí.

Ponte la mano en el corazón y lee en voz alta:

YO SOY ENERGÍA,
ESTOY LLEN@ DE VITALIDAD.

LOS FRACASOS DE MI PASADO,
SON ENSEÑANZAS DE MI PRESENTE
Y VICTORIAS DE MI FUTURO.

YO SOY RESPONSABLE DE CREAR EN MI VIDA
FELICIDAD, ÉXITO Y RIQUEZA
PORQUE

¡¡¡TODO LO QUE NECESITO ESTÁ EN MÍ!!!

QUÉ QUIERES CONSEGUIR

"Tú eliges hacia dónde y tú decides hasta cuándo, porque tu camino es un asunto exclusivamente tuyo".

Jorge Bucay.

Si eres capaz de hallar las razones que te motiven a salir de tu enfermedad será más sencillo alcanzar tu objetivo.

Cuanto más grande sea tu por qué, más motivado estarás para conseguirlo.

¿Qué clase de persona tendrías que ser para conseguirlo?

Si no sabes qué es lo que quieres, este era tu objetivo, pensar hasta que lo halles.

Cuando tienes claro cuál es tu objetivo, y cómo este te va a ayudar a ti y a los demás, solamente tienes que dar el primer paso en esa dirección.

Para ello te voy a proponer que escribas un motivo para cada área maestra; salud, dinero y amor, motivos por los cuales quieres sanar.

1.

2.

3.

¿Los tienes? No sigas leyendo, por favor, sin haberlos escrito.

¿Estás completamente decidido a alcanzarlos?

Para cada objetivo escribe 5 razones motivadoras para lograrlo.

Cuando uno toma la decisión de hacer algo y por qué tienes que hacerlo, todo cobra más sentido y el camino se aplana.

Uno puede hacer cualquier cosa si realmente está comprometido a alcanzarlo.

Que tengas un motivo, un motivo real, hará que te sea más sencillo.

> **La clave está en comprometerse y hacer todo lo que sea necesario para conseguirlo.**

¿Estás dispuesto a llevarlo a cabo?

¿Prefieres seguir donde estás?

¿No te ha dolido ya lo suficiente?

¿Qué significa para ti estar sano?

Si tienes suficientes razones para romper con el patrón que has aceptado con tu vida tienes que hallar las razones por las cuales quieres salir de ahí.

Hay que tener especial atención en que, cuando te pongas un motivo, lo hagas siempre desde un pensamiento positivo.

Es decir, no se puede poner un objetivo diciendo:

-Porque no quiero sentirme así.

-Porque no quiero que mi familia me vea más así.

Ya hemos hablado que la mente no distingue entre lo real y lo que no es, así que al decirte desde la negatividad lo que quieres le estás poniendo el foco precisamente a eso y es lo que atraerás.

Ahora piensa qué acciones vas a llevar a cabo a partir de hoy para cumplir con tus objetivos.

Un objetivo sin una acción es meramente un deseo.

Una acción ya la has tomado, que ha sido comprar este libro y estudiarlo.

Realizar estos ejercicios va a ayudarte a enviar señales muy claras a tu mente de lo que quieres.

Tú has decidido cuál es tu plan y qué acciones vas a tomar a partir de hoy.

Eso provocará que tú seas quién decide tu vida y no un mero peón, dejando que las cosas ocurran.

Sé que no es fácil tomar acción, pero te garantizo que si lo haces funciona.

Ahora tienes que seguir con la realización de todos los ejercicios. Te van a ayudar, te lo prometo.

Si tú pones de tu parte, el universo pondrá la suya.

Para ello tienes que esforzarte a pensar, a actuar, por muy difícil que sea.

Cuanto más des, cuanto más des a tu cuerpo y a tu mente, más conseguirás

No lo digo yo, es ley, es dar para recibir.

Si cuidas tu cuerpo obtendrás energía y vitalidad, cuanta más atención le pongas mejor te sentirás.

Quizás hasta ahora pensabas "Bueno, he trabajado duro hoy. He tenido un día estresante, estoy cansado y me merezco estar en el sofá".

¿Qué le estás dando a tu vida?

Te digo lo que no le estás dando, precisamente atención. No estás cuidando ni tu cuerpo ni tu mente.

Para subir tus niveles de energía es vital que les des tiempo, que controles tus pensamientos, movimientos y alimentos.

Vamos a empezar con tus pensamientos. Te espero en el siguiente capítulo.

Gracias, gracias, gracias por elegir seguir aquí.

Ponte la mano en el corazón y lee en voz alta:

> YO SOY ENERGÍA,
> ESTOY LLEN@ DE VITALIDAD.
>
> LOS FRACASOS DE MI PASADO,
> SON ENSEÑANZAS DE MI PRESENTE
> Y VICTORIAS DE MI FUTURO.
>
> YO SOY RESPONSABLE DE CREAR EN MI VIDA
> FELICIDAD, ÉXITO Y RIQUEZA
> PORQUE
>
> ¡¡¡TODO LO QUE NECESITO ESTÁ EN MÍ!!!

EL EFECTO PIGMALIÓN

"Cada cosa que pensamos está dándole
forma a nuestro futuro"

Louise Hay.

El efecto Pigmalión también es conocido como "profecía auto cumplida".

Antes de empezar a explicarte en qué consiste déjame que te cuente que, según la mitología griega, a Pigmalión, el rey de Chipre, no le gustaban las mujeres porque decía que eran imperfectas y decidió crear una escultura con las formas de la mujer que él deseaba. Así, la llamó Galatea.

Pigmalión trataba a Galatea como si fuera una persona de verdad y rezaba a diario a los dioses para que esa escultura de marfil se convirtiera en realidad.

Tal era su comportamiento con la escultura que Venus le concedió el deseo. Un día llegó a su casa, besó a la escultura y esta se convirtió en realidad.

La psicología tomó esta historia como ejemplo y por eso se le llama profecía auto cumplida.

Se trata de que nos demos cuenta de cómo pueden afectar las expectativas que tengan de ti así como las que tengas de ti mismo.

Las expectativas que los demás tienen en ti sobre tu rendimiento van a afectar realmente en cómo te comportas si no decides ser consciente de ello e impedirlo.

Este efecto Pigmalión se ha demostrado en varios estudios.

En 1966 dos investigadores, Rosenthal y Jacobson, llevaron a cabo un experimento el cual consistía en realizar una prueba de inteligencia a niños de los cursos de primero hasta sexto.

El test que realizaron se llamó "Test de Harvard de Adquisición Conjugada".

Investigadores dijeron a los profesores que el test consistía en detectar el coeficiente intelectual de los niños que participaron.

Seleccionaron al azar una muestra del 20 % de los alumnos de cada clase y dijeron a los profesores que estos alumnos eran los que habían sacado mayores puntuaciones y que podrían esperar de ellos unos resultados excepcionales.

Sobre el resto de los alumnos no dijeron nada.

Ocho meses después volvieron a realizar la prueba todos los alumnos y se demostró que precisamente los alumnos que los investigadores habían seleccionado al azar habían sacado mejores resultados.

Los alumnos fueron seleccionados por casualidad, no por su resultado en el test, y eso demostró que las expectativas que tenían los profesores en esos niños hicieron que los niños sobresaliesen en sus resultados.

En el siguiente capítulo vamos a hablar de la importancia que tiene decirle a tu mente lo que tiene que hacer y de detectar cuáles son esas creencias internas que te limitan avanzar.

> **Elimina tu diálogo interno negativo y cámbialo por uno positivo. Tu mente va a hacer lo que le digas que tiene que hacer.**

Si te sientes triste, sin energía, abatido, dite todo lo contrario cada día, sintiéndote cómo te sentirías si realmente fuera así, si fueras feliz.

¿Qué haría tu mejor amigo si le dices todos los días "Eres tonto, no te enteras, no vales para nada"…? Seguramente dejará de ser tu amigo.

Entonces, ¿por qué te hablas así a ti mismo?

Recuerdo el día que salí del psicólogo porque no podía parar de llorar. Esa noche decidí, después de un baño relajante, que yo podía salir de eso y que a partir de ese momento me iba a hablar bien y a tratar bien.

Y la magia empezó a hacer efecto. Día a día me iba encontrando mejor y mejor.

Ahora tengo claro que la confianza que depositó en mí una persona que ni me conocía, diciéndome que era una madre maravillosa, causó en mí el efecto Pigmalión.

Ponte la mano en el corazón y lee en voz alta:

YO SOY ENERGÍA,
ESTOY LLEN@ DE VITALIDAD.

LOS FRACASOS DE MI PASADO,
SON ENSEÑANZAS DE MI PRESENTE
Y VICTORIAS DE MI FUTURO.

YO SOY RESPONSABLE DE CREAR EN MI VIDA
FELICIDAD, ÉXITO Y RIQUEZA
PORQUE

¡¡¡TODO LO QUE NECESITO ESTÁ EN MÍ!!!

EL PODER DE LA PALABRA

"No sé nada en el mundo que tenga tanto poder como una palabra. A veces escribo una y la miro hasta que comienza a brillar"

Emily Dickinson.

Una de las cosas que más me han ayudado ha sido el hablarme correcta y precisamente.

Desde que salí del psicólogo aquel día que me di cuenta que necesitaba ayuda decidí firmemente que me hablaría bien.

No fue fácil romper con las cadenas que llevaba arrastrando, me costó tiempo, pero a día de hoy puedo decirte que lo he conseguido.

Y poco a poco he ido comprobando en mi vida que los principios de las Leyes Universales son 100 % verídicos.

Al decidir mejorar mi salud, no fue lo único que conseguí. También mejoré en amor y dinero.

Mi relación con mi marido fue a mejor, cambié de trabajo y gracias a ello pude mejorar también financieramente.

La calidad de vida en mi nuevo empleo acabó de ayudarme a empezar una vida plena, pero no había sido completamente plena hasta que he empezado escribir.

> **Cuando te comprometes con algo y ese algo lo pones al servicio de la humanidad, todo lo que recibes a cambio se multiplica.**

Así que aquí estamos los dos, tú leyendo y yo escribiéndote con la esperanza de que mi experiencia te ayude a superar tu enfermedad.

Todas las posibilidades existen, solamente tienes que seleccionar la que quieres creer firmemente y se convertirá en realidad.

Elige ser una persona saludable, llena de energía y vitalidad.

Ten fe en que se cumplirá y actúa en consecuencia.

A partir de ahora tú ya no eres esa persona enferma; tú eres lo que quieras ser.

Una de las cosas que tienes que tener claras y presentes es que el cerebro humano solamente puede hacer aquello que crea que puede hacer.

Es decir, si sueles hablarte a ti mismo diciendo "Ya no soy como era", "Ya no soy capaz de hacer esto", etc., lo que estás precisamente diciendo a tu mente es que acepte esa realidad y es lo que serás.

Tu mente siempre escucha lo que le digas. Si le hablas con limitaciones como vimos en *Todo lo que necesitas está en ti*, es lo que vas a tener en tu vida, esas limitaciones, por eso es súper importante no ponerte barreras a ti mismo.

Vamos a reprogramar tu mente para dejar atrás esas creencias limitadoras que no te dejan avanzar. Déjame que te desmienta cuatro mitos y creencias populares que hoy en día los científicos ya han probado que no son ciertas.

1. El cerebro dañado NO se puede regenerar. Falso, sí puede. Personas que hayan sufrido un accidente con un traumatismo pueden recuperarse. Cuando se pierden neuronas y conexiones por una lesión las neuronas que están alrededor compensan e intentan restablecer la conexión.

2. La configuración del cerebro NO se puede cambiar. Falso, las conexiones neurales se pueden cambiar desde que naces hasta que sea el último día de tu vida.

3. El envejecimiento del cerebro es inevitable. Falso, cada día hay más técnicas para mantener la agudeza mental.

4. El cerebro humano pierde millones de células al día. Falso, incluso tiene células madres que se pueden convertir en nuevas neuronas.

"La mente es un mecanismo de servidumbre,
o la sirves tú a ella o ella te sirve a ti"

Lain García Calvo.

> **Tu mente está programada para volver a lo conocido, para que no salgas de la zona de confort.**

Al repetir algo muchas veces, al final parece que eso sea lo natural.

Cuando le planteas un cambio, aunque sea una mejora para ti, como va a tener que esforzarse, lo rechaza.

Tienes que dominarla y decirle lo que quieres, cueste lo que cueste, porque no tenerlo significa mucho dolor para ti.

Tienes que pedirle a tu mente lo que deseas, que cambie y se adapte hasta que consigas lo que quieres.

Cuanto más concreto seas, más fácil será para tu mente hacer lo que le dices que tiene que hacer. Tu mente escucha y procesa cada una de tus palabras y pensamientos.

Cuando alimentas tu mente con palabras poderosas, palabras motivadoras, como:

- Yo elijo hacer esto;
- Yo elijo sentirme bien;
- Yo elijo ser feliz;
- Quiero hacer esto;
- Hacer esto me da placer;

tu mente activa los mecanismos necesarios de tu cerebro para que tus emociones cambien y al cambiar las emociones cambiarás tu manera de actuar y obtendrás los resultados deseados.

Como lo que le estás diciendo a tu mente es que te de placer, lo que quiere hacer tu mente es aceptar ese nuevo pensamiento porque la mente solo busca placer y alejarte del dolor.

> **Hazle saber a tu mente todos los días lo que quieres, qué es lo que necesitas de ti mismo.**

Tu mente lo va a entender, lo va a aceptar y cada día te sentirás más y más motivado porque comprobarás que esto es cierto.

Por repetición es como se crean las nuevas creencias.

Elige cambiar tu forma de comunicarte con tu mente para ahora y para siempre.

En algún momento en el pasado te hablaste muy negativamente, tomaste acciones erróneas, pero ahora tienes el poder de cambiarlo.

Comienzas a pensar, a elegir y actuar y te conviertes en la persona que quieres.

Estás cambiando tu manera de pensar, todo tu sistema de creencias está ya cambiando y, como hemos explicado anteriormente, tu bioquímica también está cambiando.

Tu mente hace lo que le dices; dile cosas grandiosas, no pongas límites.

Díselas todo el tiempo, imagínate cosas inalcanzables, sueña.

Te estás volviendo imparable.

Si estás haciendo esto tu mente subconsciente va a aceptarlas como reales y van a tener un impacto permanente en ti.

> **Tu bienestar depende de ti, de tu manera de pensar.**

Al cambiar tu pensamiento cambia tu vida. Le dices a tu mente lo que quieres y tu mente te entiende.

Ahora que entiendes el poder, rechaza cualquier cosa que te limite a conseguirlo.

Con instrucciones precisas y directas conseguirás unos resultados increíbles porque toda tu energía está focalizada en ello.

Esta es una de las habilidades más sabias que vas a integrar en tu vida.

Cuando integres esta nueva manera de pensar no será lo que estés haciendo, sino que será la persona en la que te conviertas.

El poder de cambiar está en ti, el poder de atraer la salud está en ti.

Gracias, gracias, gracias por seguir aquí.

Ponte la mano en el corazón y lee en voz alta:

YO SOY ENERGÍA,
ESTOY LLEN@ DE VITALIDAD.

LOS FRACASOS DE MI PASADO,
SON ENSEÑANZAS DE MI PRESENTE
Y VICTORIAS DE MI FUTURO.

YO SOY RESPONSABLE DE CREAR EN MI VIDA
FELICIDAD, ÉXITO Y RIQUEZA
PORQUE

¡¡¡TODO LO QUE NECESITO ESTÁ EN MÍ!!!

TUS IMÁGENES MENTALES

"Cuando cambias la mana de ver las cosas, las cosas cambian de forma"

Fritos Capra.

Espero que ya hayas conseguido empezar a dominar tu diálogo interno, ¡felicidades!

Es, sin duda, una de las cosas que más me ayudaron en mi vida.

Pero todavía quedaba mucho por trabajar.

Conseguí controlar la manera de hablarme a mí misma, pero cuando intervenían los demás perdía esa capacidad.

Si alguien me decía algo que me molestase o me doliera, y casi siempre venía de los seres más queridos, automáticamente se disparaba una ira interior que no alcanzaba controlar y luego me sentía peor de lo que estaba.

Gracias a los principios me di cuenta de que se debía a las imágenes y recuerdos internos que tenía asociados y que se disparaban porque repetían patrones conocidos.

Si te digo que te imagines una mariquita, automáticamente vas a ver algo pequeñito, rojo con manchitas y que despierta cierta ternura. En cambio, si te digo que pienses en una cucaracha fácilmente vas a sentir repugnancia.

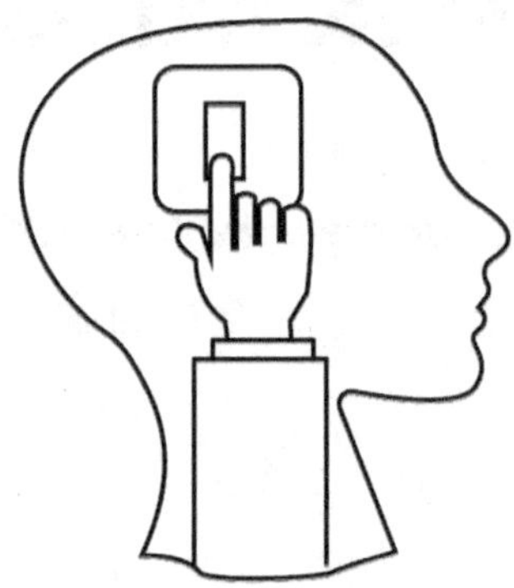

La buena noticia es que puedes programar tu mente para que deje de saltar ese piloto automático y te sientas mal, enojado o con ira.

Tienes que utilizar la misma técnica que hemos trabajado en el capítulo anterior.

Incluso miéntete si es necesario, si algo no te gusta dite a ti mismo "Me encanta".

Cuando esperas algo emocionante cambias automáticamente tus imágenes y la manera que tienes de hablarte contigo mismo.

Todo lo dominas tú y todo lo puedes cambiar.

Si te vas a un parque de atracciones y oyes a la gente chillar, habrá personas que chillen porque les encanta, porque les emociona, pero habrá otras que chillan porque realmente les asusta.

Frente a una misma realidad cada persona asocia una imagen y crea un sentimiento.

Muchas personas pensarán que estar todo el domingo "encerrada" escribiendo o quitarme horas de sueño para poder escribir este libro es un horror.

Para mí es todo lo contrario. Me levanto emocionada, me entusiasma porque sé que tengo mucho que decir y compartir contigo.

Te reto a que lo pruebes. Dite "Estoy emocionado", "Estoy entusiasmado" en hacer lo que hayas decidido. Verás y comprobarás que es imposible que tu mente cree imágenes negativas frente a ese tipo de vocabulario.

Mientras llenas tu mente de imágenes y palabras positivas, ¿sabes qué ocurre? Ocurre que tu mente no tiene espacio para perder el tiempo en lo que no quieres.

Si controlas tus pensamientos, tus diálogos internos e imágenes asociadas, verás cómo tus sentimientos cambian.

Practicándolo a diario empecé a darme cuenta de que ya no me alteraba cuando alguien que quería hacía algo supuestamente contra mí.

Cambié esa imagen interna que tenía por entender que esa persona me estaba causando daño porque sentía dolor o porque simplemente no se había dado cuenta.

Automáticamente te sientes de otra manera y la ira desaparece.

Con el tiempo se convierte en otra habilidad natural para ti.

Te sientes tan bien cuando lo dominas...

Al principio requerirá de un esfuerzo porque tendrás que pensar en ello, detectarlo y cambiarlo, pero con el tiempo se convertirá en algo automático.

Crea imágenes mentales de cómo será tu vida con salud.

Tu realidad es el reflejo de tus pensamientos del pasado, así que al cambiarla está garantizado que lo que hoy piensas es lo que verás reflejado en el futuro.

Créetelo y haz que suceda, porque todo lo que necesitas está en ti.

Gracias, gracias, gracias por seguir leyéndome.

Te espero en el próximo capítulo donde hablaremos de...

Ponte la mano en el corazón y lee en voz alta:

YO SOY ENERGÍA,
ESTOY LLEN@ DE VITALIDAD.

LOS FRACASOS DE MI PASADO,
SON ENSEÑANZAS DE MI PRESENTE
Y VICTORIAS DE MI FUTURO.

YO SOY RESPONSABLE DE CREAR EN MI VIDA
FELICIDAD, ÉXITO Y RIQUEZA
PORQUE

¡¡¡TODO LO QUE NECESITO ESTÁ EN MÍ!!!

CONFÍA EN TI MISMO

"Piensa en grande y tus hechos crecerán,
piensa en pequeño y quedarás atrás,
piensa que puedes y podrás;
todo está en el estado mental"

Napoleon Hill.

La confianza que tengas en ti mismo hará que consigas el nivel de salud que deseas.

Imagina por un momento que tienes mucha confianza en ti mismo, ¿cómo serías?

Visualízate cómo quieres ser y en quién quieres ser.

Este ejercicio sirve para centrarte en lo que quieres, no en lo que eres ahora.

Es muy importante que lo intentes, que empieces a verte a ti mismo como te quieres ver.

Deja atrás el pasado, tú eliges cómo te quieres sentir y cómo quieres actuar.

Cuanto más hagas este ejercicio, verás que más te ayuda.

Tu salud está en ti.

Toma las decisiones correctas que te lleven a alcanzar tus metas y tendrás cada día más y más seguridad y más autoestima.

Cuando naciste tenías esa energía, esas ganas de vivir. Vuelve a conectar con ella para conseguir el éxito.

Están en ti, están en tu interior.

Tú tienes que poner de tu parte y el universo pondrá de la suya.

Todo ocurre por un motivo y por una razón.

Ante cualquier situación, intenta siempre mirar los resultados positivos que vas a sacar de ella.

La manera de reaccionar frente a un mismo hecho cambiará dependiendo del enfoque que le quieres dar.

Tú eliges qué prefieres pensar. ¿Las cosas te van a ir bien a partir de ahora? O, ¿"Todo me sale siempre mal"?

Como pienses te sentirás y actuarás, y el resultado será totalmente distinto.

La gran mayoría de personas solo ven problemas y tienden a poner su enfoque en lo negativo en lugar de en lo positivo.

Cuando dejé la empresa en la que había hecho mi carrera profesional, llevaba 16 años creciendo a lo largo del tiempo con posiciones de más responsabilidad. El que fue mi jefe, un día en frente de todos los que estaban y que habían venido a despedirse en una especie de homenaje, me dijo "Lorena no tiene miedo a equivocarse, por ello triunfará".

Qué cierto era y es.

> **No tengas miedo al fracaso, es solo un resultado que te llevará a un aprendizaje.**

Si la creencia que tienes asociada a un fracaso es algo negativo en lugar de algo positivo, porque de ahí va a nacer algo bueno, estás almacenando emociones negativas que van a afectar en la toma de decisiones.

Empieza con un ejercicio muy simple, disfruta de las pequeñas cosas que a diario haces y di en voz alta:

¡Qué placer!

¡Me encanta!

Actos diarios como ducharse. Encuentra placer cuando el agua cae sobre ti.

Al mirarte al espejo a partir de hoy elógiate, dite algo positivo cada día.

Si en el espejo ves algo que no quieres, dite ese "No soy yo" e imagínate cómo quieres ser y siente que ya eres así.

Rechaza cualquier pensamiento que te venga a la mente de menosprecio. Ese ya no eres tú.

Cree en ti mismo.

Si en algún momento te vuelven a venir esas palabras negativas, simplemente cámbialas.

Hoy sin más estaba cocinando y me había olvidado un paso. Mi mente me ha dicho "Qué tonta" y me he sorprendido a mí misma diciéndome eso y automáticamente le he dicho a mi mente "Para nada, soy muy inteligente, tan solo he olvidado un paso y ahora lo haré".

En otro momento me hubiese quedado con el que soy tonta y eso es una semilla que implantas dentro de ti y, como son maneras de hablar que se utilizan repetidamente, al final la mente se lo cree.

Es muy importante que no te gustes si te viene algo negativo a la cabeza y que te felicites por darte cuenta y cambiarlo.

Ya has ganado eso, antes no te hubieses dado ni cuenta.

Si quieres mejores resultados, no me creas, compruébalo.

Reconócete a ti mismo el buen trabajo que estás haciendo, estás aquí y eliges seguir.

El acto de reconocerse a uno mismo que ha conseguido algo hace que tu autoestima aumente y te vuelvas más confiado en que lo conseguirás.

Ya es pasado hablarse mal a uno mismo, ya no dejas que te influyan negativamente porque ya no existen.

Cuando somos niños tenemos esa capacidad de hacer algo hasta que lo conseguimos. Nacemos sin saber andar y a base de caernos aprendemos a caminar.

Se trata de que recuperes esa capacidad que tienes en ti. Si has aprendido a caminar puedes volver a aprender ahora a quererte y cuidarte.

Sigue adelante, esfuérzate y toma acción diaria.

Para ayudarte a tomar esas acciones diarias, te espero en el capítulo siguiente.

Gracias, gracias, gracias por no olvidarte de ti.

Ponte la mano en el corazón y lee en voz alta:

YO SOY ENERGÍA,
ESTOY LLEN@ DE VITALIDAD.

LOS FRACASOS DE MI PASADO,
SON ENSEÑANZAS DE MI PRESENTE
Y VICTORIAS DE MI FUTURO.

YO SOY RESPONSABLE DE CREAR EN MI VIDA
FELICIDAD, ÉXITO Y RIQUEZA
PORQUE

¡¡¡TODO LO QUE NECESITO ESTÁ EN MÍ!!!

HAZ ALGO CADA DÍA QUE TE HAGA FELIZ

"La felicidad humana generalmente no se logra con grandes golpes de suerte, que pueden ocurrir muy pocas veces, sino con pequeñas cosas que ocurren todos los días"

Benjamin Franklin.

Hay que realizar acciones diarias para que puedas avanzar y ver resultados.

Tomar acciones diarias hace que tu mente esté enfocada en sanar y tu mente hará lo que le digas que tiene que hacer.

Ya has definido cuáles son tus objetivos y qué quieres para ti, así que tu mente ya sabe hacia dónde tiene que ir y deja de estar confundida. Está más centrada y orientada a conseguir lo que deseas.

Tienes que hacer algo cada día que te haga sentir que estás en el camino correcto.

> **Cuando te pones una meta diariamente, y al final del día ves que lo has hecho, te sientes como un triunfador.**

Haz cada día algo, aunque al principio sean cosas pequeñas.

Estoy segura de que sabes que hay algo en lo que eres muy bueno. Identifica y empieza por ahí.

Empieza YA a hacer algo cada día que tenga que ver con ello.

No te engañes a ti mismo esperando a que te lleguen las ganas, la motivación a hacerlo o lo retrases a mañana.

Sabes que es algo bueno para ti, que te hará sentir bien, entonces… ¿Para qué retrasarlo?

Cuando empieces a tomar acción diaria verás que generas en ti motivación. Hasta que no empieces a caminar no veras que estás motivado.

Cuando empiezas a ir al gimnasio y te sientes bien porque has ido, te sientes bien.

Cuando empiezas a cuidar tu dieta y comer sano, te sientes bien porque lo has hecho.

Cuando empiezas a meditar, te sientes bien porque tu mente se tranquiliza.

Todas esas acciones van a generar en ti una motivación para querer seguir haciéndolas.

> ## La acción genera motivación.

Deja atrás las excusas, deja de decirte que lo harás cuando te encuentres mejor, cuando tengas energía.

Esa energía vendrá a ti cuando empieces a tomar acción ya. Te aseguro que nunca llegará si no decides ya hacer algo.

En lugar de dejar a tu mente que te engañe con excusas, céntrate en el beneficio que te dará hacer algo que te guste.

Y cuanto más lo hagas, mejor te sentirás.

No tienes por qué creerme, pero te reto a que lo pruebes.

Te aseguro que tendrás un sentimiento de placer, de logro, por haber realizado esa acción.

Si has decidido hacer algo, pero tu mente te ha ganado y no lo has hecho, te vas a sentir derrotado y lo vas a arrastrar hasta que decidas que basta ya, ya no lo retraso más.

> ## Cuanto antes empieces a tomar acciones diarias, antes empezarás a estar mejor.

Por repetición se crea un hábito, así que si te comprometes y haces a diario lo que hayas decidido hacer, se convertirá en parte de ti, dejarás de verlo como "algo que tengo que hacer" por algo que amas hacer.

Si por algún motivo dejas de ir al gimnasio, o comer sano o lo que hayas decidido hacer no te castigues, sé flexible y vuelve a tomar las acciones necesarias para corregirlo.

El éxito viene cuando te levantas al caerte.

Tú puedes decidir qué vida llevar, esta enfermedad es solamente tu vida hoy.

Esto pasará. Haz lo que tengas que hacer para llegar donde quieres estar.

Gracias, gracias, gracias por tener la ilusión de hacer algo por ti.

Ponte la mano en el corazón y lee en voz alta:

YO SOY ENERGÍA,
ESTOY LLEN@ DE VITALIDAD.

LOS FRACASOS DE MI PASADO,
SON ENSEÑANZAS DE MI PRESENTE
Y VICTORIAS DE MI FUTURO.

YO SOY RESPONSABLE DE CREAR EN MI VIDA
FELICIDAD, ÉXITO Y RIQUEZA
PORQUE

¡¡¡TODO LO QUE NECESITO ESTÁ EN MÍ!!!

TÚ PUEDES

Cuando uno toma la decisión de luchar por algo, no importa las veces que se equivoque, hay que seguir luchando hasta conseguirlo.

Esa es la mentalidad de la gente con éxito, de la gente triunfadora y que consigue sanar.

> La perseverancia es uno de los grandes valores que tienes que integrar en ti.

Si te dices a ti mismo "Pero es que no puedo", sigues enviando una señal alta y clara a tu mente y te va a limitar. Garantizado.

Es sorprendente cuántas palabras y explicaciones nos vienen a la mente cuando decimos "No puedo". Cuántos motivos, excusas.

En lugar de decirte "No puedo" pregúntate: ¿Qué pasaría si lo hago?

Cambia ya los "No puedo" por los "Qué pasaría si lo hago" y por los "¿Qué puedo hacer?".

Ayer mi hijo me sorprendió. Llevaba días emperrado en que quería ir a Málaga porque un amigo suyo había comprado un lápiz que él quería. Incluso un día vino con un dibujo de cómo era el lápiz. Yo le decía que Málaga estaba muy lejos, le enseñaba en el mapa la distancia y le explicaba el coste que tendría en ir en tiempo y en dinero. Así que él lo entendía, pero quería ese lápiz.

En su mente no existía el "No puedo tenerlo".

Así que le pregunté: ¿qué puedes hacer para tenerlo sin tener que ir a Málaga?

No dijo nada, pero se quedó pensando.

A los días llegó a casa con el lápiz. Tengo que decir que es especial, no es un lápiz vulgar, es negro y ancho con purpurina y de la punta salen varios colores.

Le pregunté cómo lo había conseguido y me dijo muy orgulloso que lo había cambiado por 6 lápices que no quería.

Cuando en tu mente no existe la posibilidad del "No puedo", buscas automáticamente otras alternativas para lograrlo.

Al preguntarte qué podrías hacer o qué pasaría, tu mente te va brindar con una serie de posibilidades, de acciones.

Todas ellas van a provocar en ti una emoción, una ilusión, porque se abre la puerta a la posibilidad de lograrlo en lugar de cerrarla si te quedas con el "No puedo".

Una vez más verás cómo la fisiología de tu cuerpo cambia al cambiar con esa simple pregunta.

De sentirte limitado y vencido a sentirte ilusionado.

Tu mente necesita señales claras para actuar, así que dile cómo lo vas a hacer y lo hará.

Decide dejar atrás esa voz que te dice que no puedes. Rétate a ti mismo y cuando te venga a la mente el "No puedo", pregúntate qué pasaría si pudieses.

Al enfocarte en las posibilidades de conseguirlo, las emociones que sentirás estarán enfocadas al éxito.

Cuando veas que al sentirte bien puedes salir a pasear, te apetece comer mejor o cuidarte más, en tu mente cambiará la creencia del "No puedo" por el "Sí puedo".

Cada vez que consigas cambiar un "No puedo" por un "Podría hacerlo", y consigas hacerlo, acabarás entendiendo que **todo lo que necesitas está en ti.**

Cuando sabes que puedes conseguir lo que te propones, cuando tienes la certeza absoluta de que puedes conseguirlo, vas a romper cualquier comportamiento destructivo que hayas tenido en el pasado como el alcohol, las drogas o comer comida basura.

Todo va a desaparecer porque tú sabes que puedes conseguir lo que quieras y cuando ves que puedes cambia todo.

Tus relaciones serán mejores con tu familia, con tus amigos, en el trabajo...

Pero, sobre todo, lo que más vas a notar es que la relación contigo mismo va a ser mejor.

Vas a tener ganas de cuidarte, de meditar, de hacer ejercicio, porque te das tiempo para ti y sabes que puedes ser quien quieres ser. Porque **todo lo que necesitas está en ti.**

Dile a tu mente repetidamente "**El control de mi mente depende de mí",** que tú puedes tener el nivel de salud que quieres porque tú has decidido tenerlo. Siéntelo, repítelo y se convertirá en parte de ti. Tienes que decirlo con convicción.

Tú eres increíble solamente por el mero hecho de haber nacido. De miles de espermatozoides solo uno fecundó el óvulo y naciste.

Has venido a este mundo por una razón y ahora has descubierto que el poder de sanar está en ti.

Hasta hoy creías que no eras capaz, pero si has hecho todos los ejercicios que te he propuesto y has llegado hasta aquí estoy segura de que ya habrás visto cambios en tu vida.

Ahora sabes que eres capaz, del poder que hay en ti. La gente que te rodea se da cuenta del cambio, de la transformación que estás consiguiendo.

Tu autoestima y seguridad cada día son mayores y todo sale de dentro de ti, de cómo te hablas, cómo te comportas y cómo actúas.

Estás totalmente enfocado en salir de tu enfermedad y sabes que puedes y actúas y reaccionas con confianza.

Tú crees en ti y eso hará que cada día tengas nuevas habilidades.

Al sentirte mejor es más sencillo estar motivado. Por fin decides tomar las riendas de tu vida y el universo se alinea contigo para ayudarte a conseguir lo que quieres. Se producen sincronicidades que te acercan a conseguir lo que quieres.

> Cuando hacemos algo reiteradamente se consigue integrar ese nuevo hábito en nosotros. Esa nueva creencia queda grabada en nuestro subconsciente y con el tiempo se convierte en un acto automático, en un patrón mental.

Cuantas más opciones te des a ti mismo, más puertas abrirás y más exitoso serás.

Espero haberte ayudado a mejorar tu vida y te invito a que sigas leyendo para conseguir una vida extraordinaria.

Gracias, gracias, gracias por querer creer.

Ponte la mano en el corazón y lee en voz alta:

> *YO SOY ENERGÍA,*
> *ESTOY LLEN@ DE VITALIDAD.*
>
> *LOS FRACASOS DE MI PASADO,*
> *SON ENSEÑANZAS DE MI PRESENTE*
> *Y VICTORIAS DE MI FUTURO.*
>
> *YO SOY RESPONSABLE DE CREAR EN MI VIDA*
> *FELICIDAD, ÉXITO Y RIQUEZA*
> *PORQUE*
>
> *¡¡¡TODO LO QUE NECESITO ESTÁ EN MÍ!!!*

ENFOCA TUS PENSAMIENTOS

"Las cosas empiezan a encajar con absoluta perfección cuando estamos concentrados en lo que queremos"

Paulo Coelho.

El estado natural de una persona es estar feliz, alegre y lleno de energía. El despertarse por las mañanas con ganas de comerse al mundo y ojos brillantes es algo que todos deberíamos tener como prioridad en nuestras vidas.

Mirar alrededor y darte cuenta de que la gente que te rodea es la que tú has elegido y amas.

Para ello hay que amarse a uno mismo y respetarse.

La vida surge desde nuestro interior y se materializa en nuestro día a día a través de nuestros pensamientos y emociones.

Depende de lo que pienses y sientas tomarás una decisión u otra, actuarás de una manera o de otra y así crearás tu realidad.

Si a estas alturas todavía no te sientes así, o no piensas así la mayor parte del tiempo, todavía tenemos que trabajar más con tu manera de pensar, sentir y reaccionar ante cualquier cosa que te ocurra en la vida.

Deseo para ti que te sientas feliz y tranquilo, al menos la mayor parte del tiempo. A todos nos asaltan pensamientos, pero en ti está que decidas hacerles caso o pararlos y afrontarlos con valentía.

Si ya eres consciente de cuál es tu problema, sabes qué es lo que te ocurre, es justamente ahí cuando puedes diseñar un plan y buscar soluciones.

Tienes que organizar tu día a día de la manera que tengas una mentalidad triunfadora por haber hecho lo que querías hacer.

Por ello te propongo que planifiques a diario tu vida, tal y como habíamos visto en *Todo lo que necesitas está en ti*.

Estamos en un mundo lleno de oportunidades y posibilidades donde podemos hablar y vernos en tiempo real con una persona que esté en otro lado de la Tierra.

> **Todo lo que existe es porque alguien lo ha pensado antes.**

La capacidad de crear es ilimitada. Tienes que convertir tu vida en una meta, eliminar todas las inseguridades, miedos y emociones negativas que tu mente te muestra, eliminar esas creencias limitantes que no te dejan avanzar para por fin conseguir ser tu mejor versión.

Las cadenas de TV, bancos…, solo hablan de pobreza, catástrofes y hechos negativos.

Si analizas cuando lo emiten, coincide en el tiempo en aquellos momentos que tu mente está en estados alfa, más perceptivos a introducir y a interiorizar lo que escucha y ve.

Los telediarios son por la mañana, justo cuando nos levantamos, por el medio día, después de comer, cuando nuestra mente está adormecida porque toda la sangre está haciendo la digestión y por la noche, justo a la hora en la que decidimos relajarnos.

En lugar de perder el tiempo dejando que todas esas informaciones se apoderen de tus pensamientos, elige cada día qué quieres aprender, qué quieres leer y sé dueño de ti mismo.

Ni los telediarios y ni los periodistas comentan que en los últimos 25 años la riqueza del mundo es superior a ninguna otra era. De hecho, ha aumentado un 4 % por año.

Hoy en días vemos más y más personas que se convierten en millonarias y multimillonarias de una manera más rápida y ello es porque el poder es ilimitado. Las posibilidades del universo son ilimitadas, solamente tienes que creer firmemente en lo que quieras conseguir en la vida, no tener ninguna duda y trabajar en esa dirección hasta que lo consigas.

Otro de los hechos que es una realidad absoluta es que la esperanza de vida cada año es más elevada.

Hace 100 años hablamos de que una persona vivía hasta los 50 años aproximadamente, en cambio, hoy en día sabemos que si una persona se cuida, tanto a nivel mental como físico, la esperanza de vida es de 95 años.

> Tienes que decidir qué quieres. ¿Quieres una vida larga y feliz o prefieres simplemente sobrevivir?

La gran mayoría de las personas prefieren vivir de esta manera, pero si tú estás leyendo estas líneas es que algo hay en ti quhe quiere un mundo mejor; querer un mundo de abundancia y de felicidad.

Para ello el miedo hay que dejarlo atrás, las inseguridades, preocupaciones y frustraciones.

> El mayor obstáculo que tienes en tu vida eres tú. Es tu mente, son tus creencias limitantes y negativas que tienes acerca de ti y de lo que eres capaz de conseguir.

Para eliminarlas hay que crear nuevas creencias que las remplacen.

Todo lo que necesitas está en ti. Cuando naciste tenías todo, tenías todo sin explotar, pero el potencial estaba en ti. Solamente había que entretenerte y eso es la vida, un constante entrenamiento para que aprendas quién eres y lo que puedes ser.

Quizás nunca te has planteado quién eres realmente, el por qué eres o tienes lo que tienes.

Hay una frase de Thomas Edison que me encanta y resume perfectamente lo que te quiero transmitir.

Si hiciéramos todas las cosas de las que somos capaces, literalmente nos sorprenderíamos a nosotros mismos.

Existen 3 tipos diferentes de personas:

1. Quienes piensan.

2. Quienes creen que piensan.

3. Quienes piensan que prefieren morir antes de pensar.

Las personas prefieren pasar toda su vida sin pensar quiénes son y por qué están aquí. Simplemente dejan transcurrir sus vidas.

Se conforman con el trabajo que les ha tocado, con la familia que les ha tocado.

Deseo para ti que no te conformes, que creas firmemente que las cosas que tienes y que haces son resultado de cómo piensas y actúas.

A mí me ha pasado y sé lo que se siente, por eso te puedo decir, amado lector, que cuando rompes con todo y tomas riendas en tu vida la felicidad llega.

No llega de manera fortuita, no, tienes que poner de tu parte.

Tienes que tomar decisiones y llevar a cabo las acciones que hagan que cumplas esa decisión.

Tienes que demostrarte a ti mismo que tú, y solamente tú, tienes el control de tu vida.

En el momento en que lo haces, automáticamente te sientes más relajado, más optimista.

Si consigues dominar tu mente y por cada cosa que te suceda cambiar la forma en la cual lo interpretas, vas a ver que es más sencillo mantener la calma y el autocontrol.

Leyendo este libro has tomado una decisión, una decisión que cumple con la ley de la causa y efecto y es el querer modelar, el querer aprender de alguien que ha conseguido lo que tú quieres conseguir.

Si quieres avanzar más, te propongo el siguiente ejercicio.

Piensa en personas que quieras modelar, que quieras aprender de ellas, de sus valores y piensa cómo tú podrías hacer lo mismo.

Al poner tu mente a trabajar en lo que personas exitosas han conseguido y querer interiorizar en ti sus valores, su manera de hacer y sus métodos, como es ley se cumplirán (causa– efecto, es decir, si empiezas a trabajar en la causa está claro que surgirá un efecto).

Es como un tren, al principio cuando se pone en marcha cuesta, es lento y pesado, pero una vez coge ritmo si lo quieres detener no podrás, tiene su propia inercia.

> **La causa, es decir, a lo que te enfocas, lo puedes controlar, pero el efecto que cause no.**
> **Quieras o no quieras ocurrirá.**

Por ello cada día me tomo mi tiempo para visualizar, tal y como te enseñé en el primer libro de la saga.

El visualizar todos los días nada más despertarte y antes de dormir va a reprogramar tu subconsciente.

El poner tu atención en lo que realmente quieres y sentir que ya lo has logrado durante unos segundos, durante todos los días, hace que eso que quieres se convierta en realidad. Lo vives con todo lujo de detalles y, como repites esta acción todos los días, las sincronicidades empiezan a ocurrir y más motivado te vas a sentir a tomar las acciones necesarias para que tu sueño se convierta en realidad.

Más intuiciones y más chispazos del alma surgirán; nuevas personas y situaciones te ocurrirán.

Si tú pones de tu parte, el universo y Dios pondrán de la suya.

Cuando uno de esos objetivos se convierte en realidad, la sensación es de éxito. Sabes y ahora has comprobado que lo que te digo es verdad y automáticamente la magia ocurre y se convierte en tu nuevo día a día.

Pasas la mayor parte del tiempo enfocado en lo que quieres, en cómo obtenerlo.

Conoce a muchas personas que lo hacen. Yo lo hago y tú también puedes hacerlo.

Si sigues permitiendo que tu mente te domine, que entre en bucle de pensamientos negativos y limitantes, no esperes que cambie nada.

Para que tu vida cambie tú tienes que responsabilizarte y hacer que cambie.

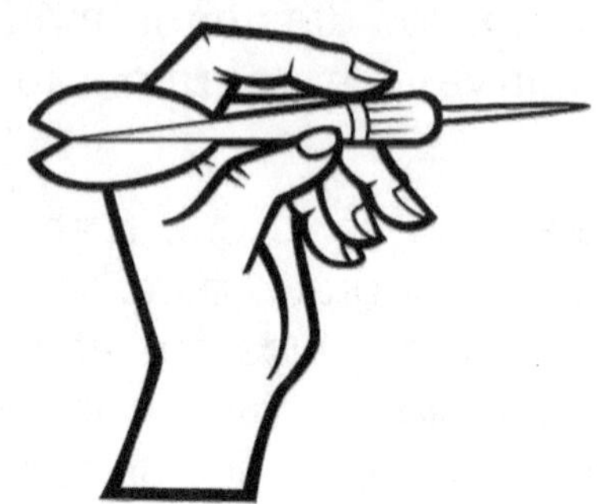

Tu mente es como un cohete, si apuntas tus pensamientos a lo que quieres, va a ir directa a la diana. Cuanto más claro lo tengas y más lo especifiques, más fácil será para tu mente ayudarte y conseguir el objetivo.

> **Te conviertes en lo que piensas
> la mayor parte del tiempo.**

Este es un principio básico que se repita una y otra vez en todas las religiones y enseñanzas antiguas.

Si no consigues tener la mente enfocada en lo que quieres y dejar a un lado lo que no quieres, tu mente va a estar confundida y dando vueltas, perdida.

Si tu propósito es estar sano para tener mejores niveles de energía y vitalidad, tienes que creer firmemente en ello y sentirlo, que el pensar en ello te cree una emoción tan fuerte que haga que te leventes y quieras tomar acción ya.

William James, el psicólogo famoso de Harvard, dijo en el siglo XIX que

"La creencia crea el hecho real".

Muchas personas creen que por el hecho de haber nacido pobres tienen que asumir que serán pobres el resto de sus vidas, su creencia es esa.

Siempre actúan y piensan en base a esa creencia. Ni tan siquiera se plantean otro tipo de vida porque no creen que sea posible. Es su estilo de vida, tienen hijos y sus hijos también heredan esas creencias. Así hasta que se rompe esa creencia.

Si tus creencias son positivas tomarás buenas acciones, pero si son negativas tomarás malas acciones. Es ley.

Te propongo un ejercicio. Durante los próximos días escribe en una libreta de qué manera tomas una decisión, desde un punto de vista positivo o negativo. Y escribe cómo te sientes respecto a esa decisión, si ha sido una decisión negativa haz el esfuerzo de verlo de manera positiva.

> **Para poder avanzar y dominar tu mente tienes que identificar qué creencias tienes que te limitan. En el momento en que comprendas que esas creencias están en ti porque te las han inculcado y veas que las puedes cambiar, tu vida empezará a brillar.**

Por eso yo salía de fiesta, empataba un día con otro, porque asocié desde muy muy pequeña que beber era igual a diversión. Cuando mi padre bebía estaba más cariñoso, más divertido. El día que me di cuenta que yo salía por ese motivo, porque era lo que había aprendido de pequeña a divertirme de esa manera pude romper con ello. No antes.

Hay ocasiones en las que nuestra mente no te deja salir del bucle porque es donde está cómoda y es lo conocido. Tiene miedo a lo nuevo y te sabotea.

Lo veo continuamente a mi alrededor, cómo una y otra vez dejas de poner el enfoque a lo que quieres y automáticamente das pasos atrás. El dominio de la mente es algo que se tiene que hacer a diario y no bajar la guardia.

Una de las creencias limitantes que son frecuentes es el miedo.

En el siguiente capítulo voy a hablarte de cómo superarlo.

Gracias, gracias, gracias por seguir aquí.

Ponte la mano en el corazón y lee en voz alta:

> YO SOY ENERGÍA,
> ESTOY LLEN@ DE VITALIDAD.
>
> LOS FRACASOS DE MI PASADO,
> SON ENSEÑANZAS DE MI PRESENTE
> Y VICTORIAS DE MI FUTURO.
>
> YO SOY RESPONSABLE DE CREAR EN MI VIDA
> FELICIDAD, ÉXITO Y RIQUEZA
> PORQUE
>
> ¡¡¡TODO LO QUE NECESITO ESTÁ EN MÍ!!!

HÁBITOS LIMITANTES

¿Cuántas veces habrás dicho?:

- "Cada vez tengo menos tiempo";

- "No me da tiempo";

- "Voy a la carrera";

- "No me llegan las horas al día".

Y un sinfín de frases más.

Sabes que te falta tiempo, pero… ¿Haces algo para solucionarlo?

La mayoría de veces esa falta de tiempo es debida a los malos hábitos que has ido desarrollando.

Muchas personas me dicen "Es que no tengo tiempo de leer…" y yo les respondo:

—¿Cuánto tiempo estás mirando tus redes sociales? ¿No podrías emplear ese tiempo en leer, aunque sean 20 minutos al día?

La respuesta es siempre la misma, "Sí, pero…".

El "pero" significa que todavía no se han dado cuenta de que tienen un ladrón de tiempo en su vida y lo permiten.

Estos malos hábitos suelen dominarte. Puede que en tu lugar sea una falta de organización o de gestión, o quizás no sepas decir que no, pero para poder darte cuenta tienes que identificarlos.

Todos tenemos nuestros hábitos y maneras de hacer porque estamos tan acostumbrados a ellos que no nos damos ni cuenta, como desayunar mirando las redes sociales o comer viendo las noticias.

Desde que empecé a estudiar a las personas exitosas y libros de crecimiento personal me di cuenta de lo que tenía que dejar de hacer inmediatamente.

Un hábito que, por ejemplo yo tenía, era el tiempo que perdía en las redes sociales. Para que te hagas una idea en la siguiente gráfica te muestro la media de tiempo que perdemos:

PROMEDIO DE TIEMPO PERDIDO

Decidí que, en lugar de perder el tiempo en la vida de los demás, iba a empezar a ocupar ese tiempo en mí, en lo que quería hacer para mí y para mi familia.

Me di cuenta de que al final del día volvía a tener tiempo para leer, escribir o lo que yo quisiera.

Mis amigos me siguen importando igual y porque no esté a cada minuto dando un *like* no ha cambiado nada. Cuando quiero saber de ellos simplemente llamo.

Una cosa tan simple como llamar la había dejado de hacer, solamente hablaba por WhatsApp o cuando nos veíamos. En una era donde estamos tan conectados y a la vez nos sentimos tan lejos…, es importante darnos cuenta de la importancia de ello.

Otro hábito limitante para mí era el de ver los telediarios. Si analizamos cuándo estos son emitidos nos damos cuenta de que está todo pensado y dirigido.

Decidí dejar de verlos y cuando quiero estar informada busco la noticia y el medio que quiero ver. De esta manera no acepto estar comiendo y ver por la televisión cualquier desgracia mundial y aceptarlo con normalidad mientras como.

Haz una lista de los doce hábitos que a día de hoy crees que te están impidiendo lograr lo que deseas lograr.

Escríbelos ahora:

1.

2.

3.

4.

5.

6.

7.

8.

9.

10.

11.

12.

Tómate tu tiempo para escribirlos. Sé sincero contigo mismo y una vez los tengas sigue leyendo, porque vamos a trabajar en ellos.

Mi propuesta es que elijas un hábito limitante por mes y que dejes de hacerlo.

Ya puedo escuchar tu mente, "No voy a poder". Bien, esa es tu mente intentando sabotearte. No la dejes, tu mente hará lo que tú le digas que haga así que comprométete contigo mismo a crear una nueva mejor versión y conseguir lo que quieras para ti.

Si te comprometes y cada mes trabajas en un hábito verás la satisfacción que vas a sentir al lograrlo y lo que prometiste por ello. Tu mente sentirá la relación consigo algo- recibo un premio y esto hará que cada vez te cueste menos porque asociará placer al conseguir eliminar los malos hábitos.

Si enfocas tu energía en tus nuevos hábitos, verás que con el tiempo se convierten en creencias en tu subconsciente y pasarás de hacerlo de forma automática sin que te cueste ningún esfuerzo.

No me creas, compruébalo por ti mismo y verás el impacto que tiene en tu salud.

Hay ocasiones en que no cambiamos esos hábitos por miedo. En el siguiente capítulo hablaré de cómo vencerlo.

Gracias, gracias, gracias por querer ser mejor versión de ti mismo.

Ponte la mano en el corazón y lee en voz alta:

YO SOY ENERGÍA,
ESTOY LLEN@ DE VITALIDAD.

LOS FRACASOS DE MI PASADO,
SON ENSEÑANZAS DE MI PRESENTE
Y VICTORIAS DE MI FUTURO.

YO SOY RESPONSABLE DE CREAR EN MI VIDA
FELICIDAD, ÉXITO Y RIQUEZA
PORQUE

¡¡¡TODO LO QUE NECESITO ESTÁ EN MÍ!!!

EL MIEDO

"El hombre valiente no es el que no siente miedo,
sino aquel que lo conquista"

Nelson Mandela.

Es la manera en la que tu mente subconsciente se manifiesta para que no salgas de donde estás, para que no consigas el nivel de salud que deseas porque es su zona de confort.

Sí, aunque sea algo bueno para ti el cambio que quieres realizar, tu mente todavía no lo sabe, tiene miedo y te inunda los pensamientos con dudas, con miedo para que no hagas lo que tienes que hacer.

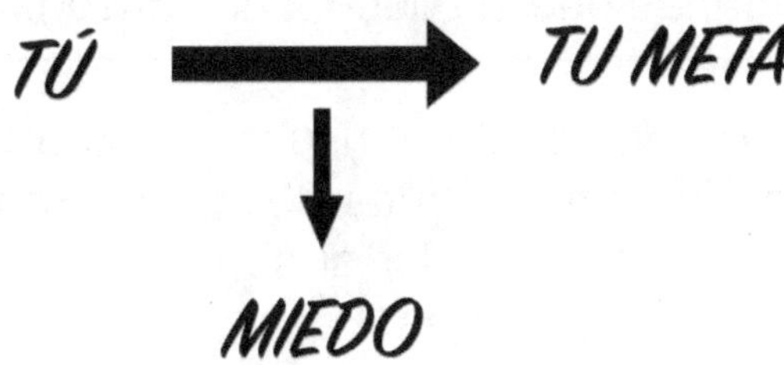

Lo que te separa de conseguir tu meta, lo que sueñas y tus objetivos es el MIEDO.

Si tus expectativas son negativas, tu vida será infeliz.

Si tienes pareja y esperas que te engañe, tu vida en pareja será infeliz.

Si estar sano crees que es algo imposible, nunca sanarás. Tienes que enfocarte en estar sano no en tener miedo por estar enfermo; eso hará que tu mente entienda que tu única opción es estar bien, estar saludable.

La mente actúa de manera consiente solamente un 10 % y el resto lo hace de manera subconsciente.

Mediante la autosugestión puedes crear una manera de ver las cosas diferentes.

Tienes que asociar el miedo a precisamente todo lo contrario. Tienes que tener mucho miedo a no estar sano.

Tú puedes decidir, puedes crear tus expectativas. En lugar de dejar que tu mente te domine y le quite importancia o te limite, la decisión es tuya, solo tuya.

Si hay algo claro es que solamente tú puedes controlar lo que quieres pensar.

> **El miedo a no hacer algo tiene que ser más grande que el miedo a no conseguirlo.**

Cuando salí de aquella consulta del psicólogo asocié mucho miedo a no disfrutar de mi hijo. Pensé en todo lo que me podría perder si seguía así, llorando sin parar, triste y sin energía.

Al día siguiente llamé a un entrenador personal y pese a que estaba enferma, cansada y agotada, decidí empezar a cuidarme.

Mi miedo era tan grande que dejé de lado la tristeza y luché por sanar, por estar mejor.

Toma acción ya y empieza a dirigir tu mente, no permitas ni un segundo más que tu mente te domine. Toma el control ya y haz la primera acción para conseguir acortar la distancia a tu meta.

Cuando tienes claro lo que quieres, la energía que sale de ti es como una fuerza que te va ayudar a atraer justamente lo que deseas.

Hay que creer con seguridad, con fe. La menor duda hará que el miedo vuelva a ti y no lo consigas.

Te propongo un ejercicio. Piensa en algo que te gustaría tener en tu vida, algo material. Durante los próximos días verás que vas a ver eso que te gustaría tener por todas las partes.

Es la ley de la atracción. Como has pensado en algo, esto se manifiesta, así que si funciona con este ejemplo tan sencillo cómo no va a funcionar contigo, si eres tú y tu controlas tu mente.

> Enfócate en lo que deseas y verás que las sincronicidades ocurren en tu vida como por arte de magia.

Siempre y cuando tú pongas de tu parte, claro. Tu precio a pagar será cuidarte, cuidar tu cuerpo y tu mente.

Tu mente ya lo estás haciendo leyendo y poniendo en práctica este libro. Ahora, si todavía no lo has hecho ya, tienes que cuidar tu cuerpo.

Tu cuerpo es tu templo a cuidar y para ello hay que seguir las tres reglas básicas:

1. Come sano.

2. Muévete.

3. Descansa.

Si tu día a día está enfocado en ello, verás que tus miedos cada vez son más pequeños porque los resultados son más grades.

Verás que empezarás a vibrar con una energía superior. Sí, es así, es ley, tus pensamientos vibran.

¿No te ha pasado nunca que estás pensando en alguien te llama?

Este es otro ejemplo de la ley de la atracción, por ello te insisto tanto en que controles tu mente, porque es lo que vas a atraer.

Si lo que te sigue dominando son esos pensamientos negativos destructivos sobre tu salud, la vibración que emites va a hacer que precisamente atraigas más de ello mismo.

> **En lugar de criticar o hablar mal de las personas, habla de personas que admires, que tengan lo que tú quieres, enfoca tu atención en modelarles.**

Tienes que desarrollar una consciencia sin miedos, una conociendo de salud. Una vez la tengas integrada se van a presentar todo tipo de oportunidades para que lo logres.

Lee más libros. El leer te va a permitir tener un entrenamiento parecido al de los atletas.

El leer te obliga a tener tu atención plena en el libro. No puedes distraerte mirando a otro sitio o a la televisión porque si quieres entender lo que pone en el libro tu enfoque tiene que estar exclusivamente en la lectura.

Así hacen los deportistas de élite. Tienen atención plena en lo que quieren y para ellos no existe el miedo a perder. Esa no es una opción.

Deja de preocuparte porque te sientes mal y ocúpate en sentirte bien.

Según te sientas por dentro, será tu vida actual.

Cuanto más te cuides, más te quieras y te respetes, más cómodo estarás con los demás, más les gustarás y mejores relaciones tendrás.

Si a partir de hoy amas hacer ejercicio, amas comer sano y amas cuidarte, esto se reflejará en tu vida porque tu mundo fuera es cómo es dentro.

En el siguiente capítulo vamos a hablar de dónde viene tu manera de pensar con el fin de identificar de dónde vienen tus pensamientos y creencias.

Gracias, gracias, gracias, por estar conmigo y querer vencer tus miedos.

Ponte la mano en el corazón y lee en voz alta:

YO SOY ENERGÍA,
ESTOY LLEN@ DE VITALIDAD.

LOS FRACASOS DE MI PASADO,
SON ENSEÑANZAS DE MI PRESENTE
Y VICTORIAS DE MI FUTURO.

YO SOY RESPONSABLE DE CREAR EN MI VIDA
FELICIDAD, ÉXITO Y RIQUEZA
PORQUE

¡¡¡TODO LO QUE NECESITO ESTÁ EN MÍ!!!

LAS NECESIDADES

Puedes conseguir el nivel de salud que deseas si utilizas el único antídoto que existe: mantén el enfoque en hacer algo que te guste.

Si, además, haciendo lo que te gusta beneficias a los demás de alguna manera, ya no vas a tener tiempo que perder en pensamientos negativos.

Cuando empiezas a caminar en la dirección correcta, la felicidad va a surgir.

Con la perseverancia se puede reprogramar tu mente para que solamente vengan ti pensamientos positivos y puedas, por repetición, mejorar tus hábitos y creencias.

Tu objetivo debe ser querer ser feliz, al menos el gran mayor parte del tiempo.

> **Cualquier cosa que hagas repetidamente se va a convertir en un nuevo hábito.**

Puedes subsumir cualquier pensamiento negativo y positivo tal y como vimos en *Todo lo que necesitas está en ti*.

Te haya pasado lo que te haya pasado, de cómo actúes y cómo te enfrentes a ello eres tú el único responsable.

Puedes elegir quejarte o puedes elegir aprender de la experiencia.

Quizás culpes a tus padres de todo lo que te ocurre por la infancia que te ha marcado, pero déjame que te haga una pregunta retórica.

¿Estás vivo?

Pues gracias a ellos, así que no critiques. Da igual lo que hicieran, estás vivo por ellos.

> **Cada problema, cada obstáculo en tu vida, tiene un aprendizaje oculto.**

Busca en ti qué es lo que tienes que aprender de la situación en la que estás.

Lo más probable cuando te plantees esta pregunta es que te contestes que no hay nada bueno que aprender, pero ve un paso más allá. Mira profundamente dentro de ti y aparecerán los "debería de hacer esto" o "dejar de hacer lo otro".

Quizás necesites empezar a hacer las cosas de otra manera o parar del todo.

Vuélvete a preguntar qué más puedes aprender de esta situación. Llegarás a la conclusión de que necesitas cambiar o parar en tu vida.

Cuando al final tienes la valentía de enfrentarte a tu verdad, a lo que necesitas hacer, automáticamente vas a comenzar a tomar las acciones necesarias y surgirá la magia. Tu tristeza desaparecerá, tu estrés desparecerá y empezarás a sentirte más relajado y feliz.

Al aceptar que la situación es la que es, empiezas a actuar en consecuencia.

Ya sabes que las palabras que utilizas van a hacer que te sientas feliz o triste. Puedes sentir emoción o depresión solamente cambiando tu diálogo interno.

No te enfrentes a problemas, enfréntate a situaciones. Verás que cambia tu estado.

Para mí los problemas han dejado de existir, utilizo desafíos. Automáticamente mi mente los ve como un reto, algo que conseguir, en lugar de crearme preocupación o estrés.

Te reto a que cada vez que veas un "problema" en tu vida, analices qué oportunidad de aprender hay detrás de ello.

Al cambiar esa forma de pensar, crearás en ti un nuevo hábito, el de buscar algo bueno en cada situación. Siempre hay algo positivo, por muy difícil que te parezca. Quizás ahora no lo ves, pero con el tiempo sí.

Al mantener tu mente ocupada en buscar algo bueno, precisamente llevas la atención a ello y vas a ver la situación de una manera más calmada.

> ## Si quieres que algo cambie en tu vida, empieza por cambiar tú.

Es imposible cambiar algo si sigues haciendo lo mismo.

Si hay algo constante para todos en la vida es el cambio.

El psicólogo Abraham Maslow fue el primero en estudiar por qué las personas eran felices. Quería descubrir qué hacía, qué características definían a esas personas y concluyó que existe una orden en las necesidades.

Cada persona tiene cinco necesidades básicas, todas ellas deben estar satisfechas en el siguiente triángulo:

En la base de la pirámide estarán las necesidades para sobrevivir, es decir, las fisiológicas.

Una vez están cubiertas, necesitas sentirte seguro, en un buen hogar, con un buen trabajo o con un buen plan para tu jubilación.

El siguiente nivel es cubrir las necesidades de pertenencia.

Hasta aquí, estas tres necesidades son importantes para las personas por el significado que les das si no las tienes. No son necesidades de tu ser.

Las dos últimas, en cambio, se tratan precisamente de cómo poder lograr tu autorrealización.

Estas son precisamente las necesidades que tienes que cubrir, poniendo atención en tu educación, valores y cuidando a tu templo, es decir, tu cuerpo y tu mente.

La gran mayoría de personas se quedan en los primeros tres niveles y no se ocupan de alimentar su alma y su mente.

Pasan sus vidas pensando solamente en sobrevivir, en lugar de dirigir sus vidas a un nivel superior.

Afortunadamente estás aquí, decidiendo invertir tu tiempo en cuidar tu ser, en crear nuevas habilidades para pensar y controlar tu mente.

¡Conviértete en un maestro del cambio en lugar de ser una víctima de las circunstancias!

Cada etapa de tu vida va estar dirigida por un cambio, así que preocúpate de que ese cambio lo crees tú.

Empieza planificando tu día. En el siguiente capítulo te explico mi día a día.

Gracias, gracias, gracias por estar aquí.

Ponte la mano en el corazón y lee en voz alta:

YO SOY ENERGÍA,
ESTOY LLEN@ DE VITALIDAD.

LOS FRACASOS DE MI PASADO,
SON ENSEÑANZAS DE MI PRESENTE
Y VICTORIAS DE MI FUTURO.

YO SOY RESPONSABLE DE CREAR EN MI VIDA
FELICIDAD, ÉXITO Y RIQUEZA
PORQUE

¡¡¡TODO LO QUE NECESITO ESTÁ EN MÍ!!!

PLANIFICACIÓN DE TU DÍA

Esta es una rutina que a mí me ha ayudado cada día a estar enfocada en lo que quiero conseguir.

Cada día antes de ir a trabajar dedico una hora a mi ser.

Me he dado cuenta de que me siento cada día mejor, más llena de energía y vitalidad.

Antes de salir de la cama, justo al despertarme, hago una meditación de unos 15 minutos donde primero conecto con mi energía interior y una vez alcanzo el estado deseado de calma doy las gracias, perdono, visualizo mi misión y cómo va ir mi día, que tareas voy a realizar..

Luego me tomo un gran vaso de agua o dos. Mientras dormimos nuestro cerebro se deshidrata y es necesario recuperar los niveles de hidratación ideales para empezar el día con la energía necesario.

Luego realizo un entrenamiento tipo HIT de 7 minutos y dedico 20 minutos a aprender algo como leer o podcasts sobre algo que me interese.

1. Bebo un vaso de agua.

2. Meditación – 15 minutos donde incluyo agradecimientos, perdonar y visualizar.

3. Ejercicio para activarme - 7 minutos.

4. Reto diario de aprendizaje – 20 minutos.

Por la noche también tengo mi ritual. Ello me permite que cuando me quedo dormida mi mente subconsciente siga trabajando en lo que yo quiero.

Llevamos años no haciendo lo que debemos, así que de esta manera multiplico el tiempo que dedico a mis sueños.

La mente subconsciente no para, siempre trabaja.

1. Planifico mi día siguiente.

2. Visualizo mi futuro mediante mi panel visionario.

3. Medito sobre mi futuro ideal hasta quedarme dormida.

En *Todo lo que necesitas está en ti* tienes en detalle cómo crear tu planificación diaria y tu panel visionario.

Yalal ad- Din Muhammad Rumi, célebre poeta místico musulmán, escribió el siguiente poema:

> Cuando corro tras lo que creo querer, mis días arden con angustia y ansiedad.
>
> Si me siento paciente, todo lo que necesito fluye hacia mí sin ningún dolor.
>
> Así, concluyo que lo que quiero también me quiere, me busca y me atrae.
>
> Hay un gran secreto en esto para quien pueda verlo.

Lo que quiere decir Rumi es que te tienes que comprometer todos los días en hacer algo para ti. Cuando te comprometes con el crecimiento personal las sincronicidades ocurren y el universo te ayuda a que lo consigas.

La mejor manera de conseguir estar sano es no hundirse en ello y planificar tu vida para crecer.

Cuando quieres crecer personalmente, automáticamente vas a sentirte mejor y sanar.

Tu alma quiere que crezcas y te guiará en la dirección correcta. Si decides no escucharla te llevará a una enfermedad.

Si te sientes paciente en la silla y te empiezas a escuchar, a escuchar la voz de tu alma y trabajar en tu crecimiento personal, todo llegará a ti.

> Deja de luchar, de quejarte, y dedícate a ti.

Dedicar esa hora a tu crecimiento personal hará que veas grandes cambios en tu vida.

Tienes que ser, en lugar de hacer, y te sucederán cosas extraordinarias.

Una de las cosas primeras que descubrí es que mi apariencia cambiaba. La gente me decía "Qué te has hecho, se te ve más joven!".

Empecé a atraer personas a mi vida que me ayudaban a llevar a mi vida a un siguiente nivel.

Es como que las cosas vienen hacia ti.

Por eso quiero compartir contigo cómo lo hice para que tú también lo practiques.

Tu propósito en la vida es vivir de acuerdo con quién quieres ser.

En el próximo capítulo vamos a trabajar en tu transformación.

Gracias, gracias, gracias por querer transformar tu vida a un siguiente nivel.

Ponte la mano en el corazón y lee en voz alta:

YO SOY ENERGÍA,
ESTOY LLEN@ DE VITALIDAD.

LOS FRACASOS DE MI PASADO,
SON ENSEÑANZAS DE MI PRESENTE
Y VICTORIAS DE MI FUTURO.

YO SOY RESPONSABLE DE CREAR EN MI VIDA
FELICIDAD, ÉXITO Y RIQUEZA
PORQUE

¡¡¡TODO LO QUE NECESITO ESTÁ EN MÍ!!!

CLAVES PARA TRANSFORMAR TU VIDA

*"Nunca creí que pudiéramos transformar el mundo,
pero creo que todos los días
se pueden transformar las cosas"*

Françoise Giroud.

Tal y como hemos visto, vivimos en un mundo donde el camino es inevitable, pero tú puedes considerar a partir de ahora ese cambio como un bendición, como un aprendizaje oculto que te ayude a crear una vida mejor en el futuro.

Si te resistes a ello, lo que atraerás será una depresión o estrés. Hay que aceptarlo y seguir. Como se dice popularmente, "a lo que te resistes, persiste".

Cuando aceptas te haces cargo, te haces responsable y aprendes de ello.

Deja de pensar en lo que no quieres. Enfoca tu día solamente en lo que sí quieres.

SALUD	ideal	
	40 días	
DINERO	ideal	
	40 días	
AMOR	ideal	
	40 días	

SALUD	DINERO	AMOR
1	6	11
2	7	12
3	8	13
4	9	14
5	10	15

Planificación diaria para alcanzar tus objetivos

6-9 9-12 12-15	
15-18	
18-21	
21-23	
Celebraciones	

Planificador que puedes encontrar también en mi primer libro: *Todo lo que necesitas está en ti.*

Hazte responsable de tus decisiones; esto te permitirá controlar tu vida y tus emociones negativas desaparecerán. Mantente enfocado en la solución.

No critiques ni hables mal de nadie, es una pérdida de tiempo y de energía.

Nuestro sistema educativo no nos enseña nada de todo esto y la vida es más que las materias que aprendemos. Todo tendría que estar al servicio del crecimiento personal.

Hagas lo que hagas en la vida, todo lo que hagas tiene que estar basado en llevar tu vida a un siguiente nivel.

Cuando te concentras en ello, vas a ver que todo mejora en tu vida, tu salud, tu amor y tu nivel económico.

Para mí es mi prioridad número uno y te aseguro que desde que lo practico estoy en paz, duermo perfectamente y mis relaciones personales son cada día mejores.

Mi relación con mi hijo también ha mejorado increíblemente. Veo en él cómo también empieza a entender el poder que está en él y ha ganado autoestima y confianza en sí mismo.

Verás que al querer precisamente transformar tu vida, vas a tomar acciones diferentes y vas a dejar de darle importancia al resultado.

Tienes que ser constante porque tu mente no va a dejarte y va a sabotearte, pero lo sabes, así que no la dejes.

Concentra tu vida en las posibilidades del futuro.

Si tu vida está diseñada para ayudar a los demás, el universo estará de tu lado.

Tu vida se trata de todas las vidas que puedes cambiar alrededor tuyo y que hagan que el mundo sea un lugar mejor.

Si pones tu vida al servicio de la humanidad, está garantizado que el Universo, Dios, te ayudará.

¿Cómo puedes contribuir al mundo para que sea mejor?

En mi caso ha sido escribiendo esta saga, ya que al escribir siento cómo la energía fluye.

Me despierto a las 6 de la mañana y realizo mi ritual. Por las noches, cuando mi hijo está dormido, escribo cada día algo y pueden ser las diez de la noche que no me siento cansada.

Han quedado atrás aquellos días en que solo pensaba en meterme en la cama a las siete de la tarde.

La unidad, el sentirme feliz por saber que estoy haciendo algo para que este mundo sea mejor, hace que tenga esos niveles de energía que siempre había soñado.

Visualiza la vida que quieres y toma acción. Cuanto más lo hagas, más fácil se hará y con el tiempo y la constancia cada vez serás una mejor versión de ti.

Dejarás atrás esas preocupaciones y empezarás a soñar en grande.

Cuanto más grande sea el problema que superes, mejores habilidades obtendrás.

Nuevas oportunidades y herramientas llegarán a tu vida.

Cambia tu manera de ver las cosas. Cuando te enfrentes a una situación, a un cambio, toma acción y sigue hacia adelante.

Lo siento, los problemas suceden, lo único que vas a poder hacer es controlar tu manera a responder ante ellos.

Cuando respondes de una manera efectiva, ganas sabiduría y nuevas habilidades.

Hay una frase que utilizo constantemente: "**lo que no te mata, te hace más fuerte**".

Acepta el cambio como algo que te va a dar la oportunidad de crecer y de mejorar.

Tú tienes que ser la persona más importante para ti en el mundo, tu vida gira entorno a lo que tú piensas y sientes.

Sé disciplinado.

Disciplina, como palabra, de entrada no a todo el mundo le gusta ya que es algo que puedes asociar a "odioso".

Pero la disciplina no es más que ser organizado y hacer las cosas de un modo que al final, por repetición, se conviertan en un hábito automático.

Es el arte de dominar tu mente, es decir, de crear nuevos pensamientos.

Cuando piensas de manera diferente, ¿qué es lo que te ocurre? Exacto, que ves las cosas de diferente manera. Al verlas de diferente manera actúas diferente y tienes otros resultados.

El enfocar tu vida a aprender, tener nuevas experiencias y trabajar en el crecimiento personal hace precisamente que tus pensamientos sean otros y crees nuevas oportunidades.

A mí me gusta hacer la comparación de la mente con un canal de televisión. Podemos ver canales de pasión, de amor, de tristeza, de éxito, felicidad... Puedes elegir qué canal quieres ver y así te vas a sentir.

Si eliges el canal del amor, ves algo que te produzca amor y sientes un determinado tipo de sentimientos, pero si te pido ahora que elijas el canal de la tristeza a tu mente vendrán recuerdos tristes y te sentirás mal.

Como ya has aprendido a controlar tu mente, ya sabes que es tan fácil como dejar de poner el canal de la tristeza y elegir conscientemente el canal del éxito y la felicidad para que te puedas sentir bien.

La disciplina trata de eso, de elegir siempre el canal correcto y emitir esa señal para que tu mente y alma estén sincronizadas en el canal correcto.

Cuanto más disciplines a tu mente de elegir el canal correcto, más fácil será para ti reprogramarla y verás de la disciplina que al inicio significa un esfuerzo, pero luego se crea un hábito automático y la mayoría del tiempo te sientes feliz.

Cada vez que un pensamiento negativo atraviese tu mente, ten la disciplina de estudiarlo, desgranarlo y entender por qué ocurre.

Tienes que tener disciplina para levantarte por las mañanas y hacer o crear tu ritual, para planificar todos los días y dedicar tiempo a mover tu cuerpo y cuidar tu alimentación.

Esa disciplina hará que te sientas cada día mejor y mejor, te lo aseguro. No me creas y prueba hacerlo durante una semana, solamente te pido una semana de disciplina cumpliendo con todo lo que te has comprometido y vas a ver los cambios en ti.

Empieza con cosas pequeñas, pero haz algo cada día.

Ten disciplina a no ponerte más excusas ni justificaciones. El momento es ahora.

A estas alturas ya debes tener una idea muy clara de dónde estás, quién eres y a dónde quieres llegar. Los momentos oscuros ya se deben de haber ido y tienes que sentir un impulso a seguir sintiéndote cada día mejor.

> Cada día tenemos un cheque en blanco para vivir nuestras vidas, para invertirlo en crear tu vida, así que aprovéchalo.

Coge el mando y ordena a tu mente lo que quieras hacer. Haz que cree nuevos caminos y conexiones dentro de tu cerebro.

Tú puedes entrenar tu mente mediante nuevos conocimientos y habilidades y eres responsable de mantener los buenos hábitos.

Haz que tu día sea siempre un mundo nuevo para ti para que tu mente cree nuevos caminos.

Pon cuidado en los malos hábitos y pensamientos y cambia de canal.

Ya hemos hablado de la importancia de planificar tu día. Si lo haces durante un tiempo continuado acabas haciéndolo de manera automática porque has disciplinado a tu mente a saber qué es lo que haces todas las noches antes de dormir.

Además te ayuda a tu rutina de ir a dormir, es como el clic que dispara tu cerebro diciéndole que tiene que apagar motores.

Cuando haces algo de manera automática, te cuesta más trabajo no hacerla que hacerla y conviertes lo que era súper difícil en algo sencillo.

> **Hagas lo que hagas, hazlo desde el corazón.**

Para mí mi rutina diaria es algo que hago automático, aunque me llevó un tiempo al principio de esfuerzo.

Es como cuando lanzan un cohete al espacio. En los primeros minutos el cohete agota casi toda la energía hasta que cruza la atmósfera, pero una vez fuera, donde no hay gravedad, sigue su rumbo sin ningún tipo de esfuerzo.

Eso es lo que es para mí mi rutina diaria. Es sin duda un hábito que está tan establecido que construye mi nuevo yo.

A través de un nuevo hábito construyes tu nueva vida.

Si te comprometes de corazón, la magia ocurrirá. El universo o Dios, como lo quieras llamar, hará que las sincronicidades ocurran.

Comprometerse es llegar hasta el final, implica comprometerse a empezar, a tomar acción ya y a comprometerse sin necesitad de preocuparte cuándo obtendrás el resultado porque sabes que lo conseguirás. Lo crees y no te preocupa.

Utiliza todo lo que hayas aprendido. Leer un libro es solamente información, no es conocimiento. Para que forme parte de tu conocimiento lo tienes que integrar con acciones.

Si sabes, pero no aplicas, no consigues nada.

Por eso ser disciplinado va a ayudar a que crees nuevas rutinas porque información que entra en la mente, información que sale. Aprende y olvida constantemente.

Si entra algo nuevo es porque ha sacado otra cosa.

Por ello insisto en que hagas los ejercicios, que tomes acción, que anotes lo que es importante para ti en un papel.

Si has marcado el libro y lo repasas verás que eres capaz de recordar lo que decía en ese capítulo fácilmente.

Esta es otra disciplina que yo he integrado en mí cuando quiero aprender algo; lo subrayo y lo repaso.

El camino correcto es el que hace que estés en paz.

Para seguir descubriendo cuál es tu camino correcto te espero en el próximo capítulo.

Gracias, gracias, gracias por creer en ti.

Ponte la mano en el corazón y lee en voz alta:

YO SOY ENERGÍA,
ESTOY LLEN@ DE VITALIDAD.

LOS FRACASOS DE MI PASADO,
SON ENSEÑANZAS DE MI PRESENTE
Y VICTORIAS DE MI FUTURO.

YO SOY RESPONSABLE DE CREAR EN MI VIDA
FELICIDAD, ÉXITO Y RIQUEZA
PORQUE

¡¡¡TODO LO QUE NECESITO ESTÁ EN MÍ!!!

LA FELICIDAD

*"La felicidad es cuando lo que piensas,
lo que dices y lo que haces están en armonía"*

Mahatma Gandhi.

Estarás de acuerdo conmigo en que cualquier persona quiere, desea o le gustaría ser feliz.

Cualquier acción que hace la gran mayoría de personas (el cuidarse, el sentirse bello, tener dinero, poder…) es porque asocian estas acciones a ser felices.

Esperan que hacer este tipo de cosas les haga felices.

Pero cuando lo consiguen lo que ocurre es que, o bien no es suficiente, o bien no sienten esa felicidad que esperaban.

A mí me pasó. Salí de la depresión, acerté con el cambio laboral y tuve la casa que había soñado, pero sentía que algo faltaba.

Como ya he explicado antes, hasta que no descubrí realmente que el motivo era porque no hacía nada para aportar a mi experiencia, como ejemplo para miles de personas y así pudieran sentirse reflejadas y creer en que todo lo que necesitas está dentro de uno mismo, no alcancé la felicidad.

Con esto no digo que todos hayamos venido al mundo con el objetivo de tener que escribir un libro y hacerse *coach*, para nada, sino que para todos nosotros, dentro de nosotros, hay algo que podemos hacer que nos hace felices y que con ese algo podemos ayudar a tener un mundo mejor.

> **Cuando organizas tu vida del modo que ser feliz forma parte de la gran mayoría de tu tiempo, la felicidad estará asegurada.**

Para mí la felicidad no es algo que se te presenta y lo sientes, sino algo que tú buscas y creas. Es el resultado de las acciones que realizas a diario y del control de tus pensamientos.

Cuando te comprometes con tu vida y tú decides en cada momento qué quieres hacer y pensar, es cuando hallas la felicidad.

Entiende que hablo de felicidad como estado de uno mismo y no como un momento efímero de algo que te suceda, entendiendo como efímero que ese estado no se mantiene por sí solo, sino que tiende a desvanecerse con el paso del tiempo.

La intención de este libro no es otra sino la de transformar tu vida para que aprendas a ser feliz y para ello tienes que dominar tu mente y tu consciencia.

Las experiencias del pasado han provocado que te sientas de una manera u otra, pero ahora sabes que puedes reprogramar tu mente y aprender de ellas.

Cuando tienes y sientes la certeza de que solamente tú eres dueño de tu destino, tus emociones y tus sentimientos son de éxito y felicidad.

Tener metas, objetivos y trabajar para alcanzarlos hará que sientas felicidad.

"La búsqueda de la felicidad" es algo que la humanidad ha puesto en práctica desde su inicio. Aristóteles ya hablaba de la "actividad virtuosa del alma" como fuente para alcanzar la felicidad.

Te propongo un simple ejercicio.

Ya me estoy imaginando la cara que vas a poner...

La sugerencia es que, cuando te levantes, cada día hagas tu cama. Sí, tu cama.

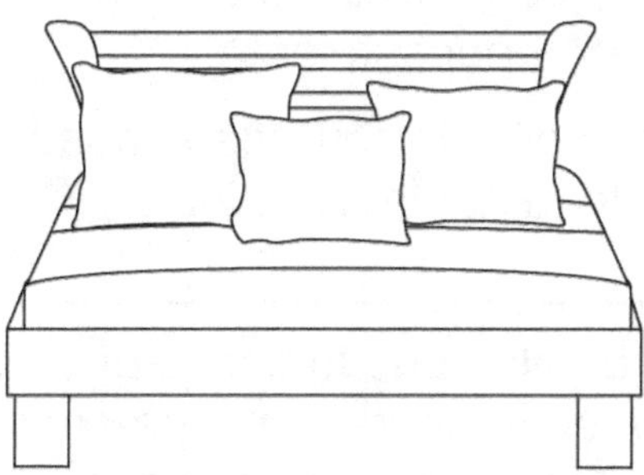

El mero hecho de hacer una tarea tan cotidiana que solamente te lleva unos pocos segundos ayuda a empezar el día de una manera productiva.

Recuerda que como haces una cosa, haces todas.

Mantener el orden es muy bueno para tu salud mental. Además, cuando vuelves de trabajar y te vas a dormir es una gran satisfacción ver la cama hecha.

Si te da pereza es cuando más va a funcionar porque vas a vencerla y vas a empezar el día con esa sensación de triunfo por haber hecho algo.

No me creas y compruébalo.

Este pequeño cambio en tu comportamiento diario hace que rompas un patrón y crees otro nuevo.

Vas a enviar a tu mente un claro mensaje de que ya no eres esa persona vaga y perezosa.

Creo que estarás de acuerdo conmigo en que no te pido mucho, en cambio, sí que vas a ganar mucho.

Tu mente recibe la orden de que a partir de ahora vas a ser una persona metódica y que está trabajando para ser una mejor versión de sí mismo.

Aunque no me creas ahora, verás al hacerlo que va a cambiar algo en tu pensamiento.

Empieza cada mañana con esa sensación de felicidad después de tu rutina matutina.

> **La felicidad es algo que tú tienes que crear en tu vida, en el ahora, en el presente, con la atención plena en lo que hagas.**

Enfoca tus pensamientos, emociones y acciones al presente. Une cuerpo, alma y mente y pon atención en el ahora.

Por ejemplo, cuando estés comiendo, deja de mirar la televisión o leer. Pon la atención en lo que haces, que es comer, y disfruta. Vas a ver qué bien sabe la comida.

Disfruta por las mañanas de esas pequeñas cosas que tiene la vida, como una buena ducha con la sensación del agua.

Si quieres ser feliz, tienes que hacer que las cosas ocurran. En el próximo capítulo te hablaré más de cómo hacerlo.

Por eso he escrito Ser feliz está en ti, para que apliques en tu vida todas las técnicas que he aprendido para que no te quedes simplemente con este capítulo. Porque sé que se puede ser feliz, me importa que lo consigas, en el siguiente libro te hablaré más en detalle de ello.

Gracias, gracias, gracias por seguir aquí.

Ponte la mano en el corazón y lee en voz alta:

YO SOY ENERGÍA,
ESTOY LLEN@ DE VITALIDAD.

LOS FRACASOS DE MI PASADO,
SON ENSEÑANZAS DE MI PRESENTE
Y VICTORIAS DE MI FUTURO.

YO SOY RESPONSABLE DE CREAR EN MI VIDA
FELICIDAD, ÉXITO Y RIQUEZA
PORQUE

¡¡¡TODO LO QUE NECESITO ESTÁ EN MÍ!!!

HAZ QUE LAS COSAS OCURRAN

"Somos lo que hacemos de forma repetida. Por tanto, la excelencia no es un acto, sino un hábito"

Aristóteles.

Cuando la mente, el cerebro y el cuerpo trabajan juntos, están en unión, verás que las sincronicidades son más comunes en tu día a día.

Al controlar este proceso es más fácil alcanzar tus objetivos. Cómo se consigue es lo que vamos a trabajar en este capítulo.

La mente utiliza al cerebro para crear tu estado y la manera en la que ves las cosas. Todo lo que tienes es porque lo has creado tú, no tu cerebro, el cerebro es simplemente la herramienta que utiliza tu mente para crear. Para ello tienes que dominar tu mente para estar en un estado autoconsciente.

> **Tienes que dejar de reforzar el comportamiento impulsivo y reforzar la toma de decisiones.**

La repetición de un patrón negativo hará que tomes decisiones erróneas. Si te culpas a ti mismo o te sientes fracasado o deprimido desequilibras tu poder mental.

Este equilibro es conocido científicamente como "homeóstasis", uno de los mecanismos más poderosos que tiene nuestro sistema nervioso autónomo.

Si tomamos como ejemplo el perder peso, hay que identificar cuál es la razón por la cual hay obesidad. Hay que identificar la solución y por ello dejar de luchar contra ti mismo, dejar las dietas y contar las calorías. En su lugar, hay que trabajar en tu mente, en detectar qué es lo que te afecta a ti.

Uno come porque está hambriento o bien porque quiere aplacar un sentimiento. Si tu objetivo es perder peso, hazte esta simple pregunta: ¿Estoy hambriento o estoy aplacando un sentimiento?

Normalmente la gente ni se lo plantea. Quizás no te hayas dado cuenta o bien no te hayas nunca planteado esta posibilidad, pero a partir de ahora párate a pensar e identificar cómo te sientes cuando vayas comer.

Aquí alguna de las razones por las cuales la gente come emocionalmente:

1. Estrés.

2. Frustración.

3. Cansancio.

4. Aburrimiento.

5. Inseguridad.

6. Ira/ Enfado.

Si cuando vas a comer te das cuenta de que lo haces por alguno de estos motivos, para y reconoce que lo estás haciendo por ese motivo. Dite a ti mismo (y si puedes en voz alta), "Ahora mismo estoy estresado".

Una vez hayas identificado lo que sientes, entonces come. No te resistas porque a lo que te resistes persiste, no luches contra ti mismo y deja de castigarte diciéndote "No debería de…" o "No tengo que…". Come y ya está.

Verás que, cuanto más practiques este ejercicio, tu mente hallará nuevos caminos. Llegará un día en que te dirá "En realidad no tengo hambre". Deja que venga a ti ese pensamiento de manera natural. Pasará, no lo fuerces. Verás que tu instinto, la voz de tu alma, te llevará a ese pensamiento y simplemente lo aceptas y olvidas que querías comer.

Lo que hay que trabajar es en lo que sientes, en ese sentimiento de estrés o cansancio. Sea lo que sea es donde tienes que poner tu plan de acción y verás que dejas de comer por impulso porque tu cuerpo y tu mente estarán alineados.

Parece una paradoja, pero es así como funciona la mente. Si tú insistes en que comes demasiado y quieres luchar contra ese impulso, tu cerebro es lo que conoce, es la conexión que tiene y te llevará a comer de manera automática una y otra vez hasta que le muestres un nuevo camino y para ello debes hallar qué es lo que te lleva a ti a ese comportamiento.

Estarás de acuerdo conmigo en que si comes impulsivamente no estás comiendo para disfrutar, es simplemente un acto reflejo.

Estableces una conexión de estar mal, estresado o lo que te ocurra con comer y ese es un patrón que sigue tu mente.

Una de las cosas que ya hemos hablado y te va ayudar mucho es meditar. La meditación ayuda a dar un respiro a esa lucha interna y empiezas a tener más momentos de equilibrio, así que toma el control de tu vida y haz que las cosas ocurran.

Cada vez que te equivoques en algo, piensa que es debido a un motivo. Tienes algo que falla y debes aprender, igual que el ejemplo que hemos utilizado anteriormente con la comida. Hay que saber identificar lo que hay detrás.

Quizás la vida te hace pagar un peaje si has elegido un camino erróneo, pero seguro que ahí hay información que necesitas para ser mejor y para conseguir ser una mejor versión de ti mismo.

> No te castigues y perdónate,
> todos cometemos errores. Gracias a ellos eres
> la persona que eres hoy en día.

Yo siempre pienso que es mejor arrepentirse por haber hecho algo que no por quedarse quieto sin hacer nada, aunque con ello me haya equivocado un millón de veces y sin duda me seguiré equivocando, pero no me obsesiono con ello y el cometer un error o fracaso puntual para mí es simplemente un aprendizaje más.

Cuando somos pequeños no sabemos leer ni escribir y a base de equivocarnos es como aprendemos. Ser una mejor versión de ti mismo es exactamente eso, seguir insistiendo hasta conseguirlo.

Es la experiencia la que forja tu persona, sé consciente de ello y si te vuelves a equivocar, que lo harás, sonríe y date cuenta de que estás haciendo algo para aprender y ser mejor.

No vuelvas a ceder ni abandonar en la primera caída y conseguirás el nivel de salud, dinero y amor que deseas.

Alcanzar tus metas traerá sin duda nuevos retos y dificultades, pero tienes que tener fe en que podrás resolverlos.

Tener confianza en ti mismo es vital porque en la medida en la que reacciones frente a ellos marcará la diferencia.

Cuando perdí a mi padre y casi a mi madre no era capaz de ver lo que ahora veo. Toda pasa por alguna razón y sin esas experiencias no estaría ahora escribiendo este libro para ti.

Quizás no veas o no entiendas por qué estás donde estás, o te ocurre lo que te ocurre, pero sin duda algún día la vida te lo mostrará.

En el siguiente capítulo vamos a hablar de seguir a la voz de tu alma, a tu instinto, a tu corazón.

Gracias, gracias, gracias, por seguir queriendo aprender.

Ponte la mano en el corazón y lee en voz alta:

YO SOY ENERGÍA,
ESTOY LLEN@ DE VITALIDAD.

LOS FRACASOS DE MI PASADO,
SON ENSEÑANZAS DE MI PRESENTE
Y VICTORIAS DE MI FUTURO.

YO SOY RESPONSABLE DE CREAR EN MI VIDA
FELICIDAD, ÉXITO Y RIQUEZA
PORQUE

¡¡¡TODO LO QUE NECESITO ESTÁ EN MÍ!!!

SIGUE A TU INSTINTO

Cada uno de nosotros posee un don, un talento, algo con lo que es muy bueno y que puede ofrecer a los demás.

Si estuvieras 100 % seguro de que no vas a fracasar y tienes todo el dinero necesario, ¿qué te gustaría hacer? ¿A qué dedicarías tu vida?

Estarás de acuerdo conmigo en que, si haces algo que te gusta, que te ilusiona, el entusiasmo invade tu estado.

Tan solo de haber pensado en ello ya habrás experimentado en ti los cambios fisiológicos. Quizás has sonreído o quizás has sentido algo en tu corazón.

Solamente tú puedes saber qué es lo que sabes hacer, cuál es tu habilidad, tu talento.

Poder conectar con tu talento hará que seas más próspero. Descúbrelo e intenta ponerte a trabajar inmediatamente en ello.

Al cumplir con tu propósito verás que es muy sencillo estar bien, encontrase bien y estar feliz. El universo estará de tu lado y hará que las piezas encajen para que cumplas tus sueños.

Haz lo que debes hacer y todo se aliena para ti.

Cuanto más des, más recibirás.

Tu alma se sentirá conectada con tu mente y generarás abundancia para todos.

Conseguir conectar con tu propósito hace que él mismo te recompense porque nunca estás solo.

Verás aumentar tus niveles de energía y el universo lo percibirá.

Seguramente hasta hoy has acumulado miles de experiencias y aún no has conseguido lo que querías. Tienes que ser sincero contigo mismo y aceptar que algo fallaba. No te obsesiones en cómo ocurre; simplemente permite que ocurra.

Hay un ejemplo que leí en un libro de Raimon Samsó que plasma a la perfección lo que intento decir. Cualquier pareja sabe qué tiene que hacer para tener un bebé, pero en cambio nadie sabe cómo hacerlo.

Esto es exactamente lo mismo. Di qué quieres hacer para que ocurra, pero sin fijarte en el cómo ni en el cuándo. Sigue a tu instinto, a la voz de tu alma.

Cualquier cambio que te propongas va a necesitar un tiempo, pero sobre todo lo que vas a necesitar es que tu mente haga lo que tú quieres que haga y no abandones en el proceso.

¿Sabes cuál es la causa más común cuando hay un fracaso?

El abandono.

> **Tu vida te pertenece, tus sueños te pertenecen.
> No los abandones,
> cuídalos como cuidarías a un bebé.**

No estudies, no aprendas nada por obligación que no hayas decidido tú y dedica tu vida a tu pasión.

Pasión es amor, amor a lo que uno quiere hacer y si elegiste este camino te vas a volver imparable y vas a poder alcanzar el nivel de salud que desees.

Tu pasión es la voz de tu alma diciéndote lo que tienes que hacer. Al no escucharla te da reveses la vida hasta que al final te das cuenta y aprendes, escuchas y haces lo que realmente amas.

Hacer las cosas por amor es ser invencible.

La intuición es ese clic mental que te sacude y te guía. Si lo escuchas con atención en ese momento vas a conectar con el universo, con el poder universal.

Para conseguir hacerle caso hay que ser muy sincero con uno mismo, hay que analizarse, estudiarse a uno mismo.

Lo que yo practico a diario, sobre todo cuando me siento estancada, es parar y dedicar un minuto a respirar, a respirar profundamente y estar en silencio para escuchar a mi corazón. Cierro los ojos y dejo que fluya todo. Me estoy un minuto en silencio y respirando permanezco atenta a lo que me ocurre después.

Dios creó la intuición como herramienta para comunicarse contigo, aprovéchala.

Estás en este mundo para convertirte en una mejor persona, en una mejor visión y para ofrecer lo que necesitas en esta vida.

Gracias, gracias, ¡gracias por haber llegado hasta casi el final!

Ponte la mano en el corazón y lee en voz alta:

YO SOY ENERGÍA,
ESTOY LLEN@ DE VITALIDAD.

LOS FRACASOS DE MI PASADO,
SON ENSEÑANZAS DE MI PRESENTE
Y VICTORIAS DE MI FUTURO.

YO SOY RESPONSABLE DE CREAR EN MI VIDA
FELICIDAD, ÉXITO Y RIQUEZA
PORQUE

¡¡¡TODO LO QUE NECESITO ESTÁ EN MÍ!!!

¿QUÉ HAS APRENDIDO?

"Hay una fuerza motriz más poderosa que el vapor, la electricidad y la energía atómica: la voluntad"

Albert Einstein.

¡Felicidades!

¡Ya estás aquí!

Enhorabuena. Estoy segura de que ya has visto cambios en ti.

Estoy inmensamente feliz por ti y quiero felicitarte. Muchos habrán abandonado en el proceso y tú estás aquí.

Estoy muy feliz por ti y espero que empieces ya en la acción y aplicar todo lo que te he propuesto en esta lectura.

Si estas ideas y prácticas las integras en tus hábitos verás cómo tu vida cambiará.

La gran mayoría de personas no van tan siquiera ni a intentar cambiar porque no evolucionan por el miedo a la crítica que podrían recibir si se equivocan.

Cuando empecé a escribir mi primer libro muy pocas personas de mi entorno lo sabían. Quería evitar el efecto Pigmalión, pero no desistí y este es mi segundo libro ya.

Para mí el abandonar no es una opción.

Si te conformas y el miedo te bloquea a intentar hacer algo, tu vida se va atascar, se va detener y no vas a conseguir lo que anhelas.

Cada cosa toma su tiempo así que tenlo en cuenta. Cada objetivo que te marque en la vida vendrá si trabajas en ello y cada uno se convertirá en realidad a su debido tiempo.

Sé flexible y adapta el plan según las circunstancias, pero sobre todo no te enfades ni te fustigues si las cosas no salen como tú esperabas.

Ahora mismo estás en lo que diríamos la primera etapa de este camino, donde deseo que si has puesto en práctica todos los ejercicios ya has empezado a conseguir controlar tu mente y tus pensamientos la mayor parte del tiempo.

Si sabes conducir recordarás que cuando te sacaste el carnet de conducir la mayor parte del tiempo ponías tu atención en las maniobras. Hoy en día lo haces sin pensar, de forma automática, porque está totalmente integrado en tu subconsciente.

Así que este es el estado que debes manifestar en tu vida con lo que amas, en estar en piloto automático hacia lo que quieres conseguir, ya sea, salud, amor o dinero.

A estas alturas ya debes ser consciente de que tu "yo" actual es un reflejo de lo que has pensado.

Has trabajado en tomar consciencia de quién eres, de quién a has venido a ser y cuál es tu propósito en la vida.

Has cambiando creencias limitantes por nuevas creencias que te acercan a tus metas.

Has empezado a controlar tu mente y tus pensamientos.

Has aprendido a meditar, a escuchar tu respiración.

Si ha venido un pensamiento negativo en tu vida has aprendido a polarizarlo, a llevarlo a positivo.

Tienes más confianza en ti mismo porque has visto los resultados de comprobar los retos que te he propuesto.

Bien, "¿Y ahora qué?", te preguntarás.

Pues a seguir creciendo y aprendiendo.

Te invito a que trabajes ahora en tus deseos, en cómo puedes enfocar tu vida a ser feliz porque Todo lo que necesitas para ser feliz está en ti.

Has aprendido mucho, pero hay más, mucho más.

Tu nivel de éxito, contribución y bienestar puede seguir creciendo.

Sigue cuestionándote las cosas, rechaza cualquier norma o creencia cultural si te impiden llegar al nivel que quieres.

> **Explora nuevas formas de vivir para seguir tu camino al crecimiento personal.**

Puedes alcanzar una vida extraordinaria.

Por eso, este capítulo no es un final, sino un "te espero". Si ya has estudiado *Todo lo que necesitas está en ti* te habrás dado cuenta de que me despido de la misma manera y eso es porque siempre tenemos que aprender algo.

Siempre hay espacio para crecer y ser mejor versión.

Todavía tengo muchas cosas que compartir contigo, muchas cosas emocionantes.

Sigue enfocado, has llegado muy lejos y ya no debes parar.

Tan solo me queda decirte…

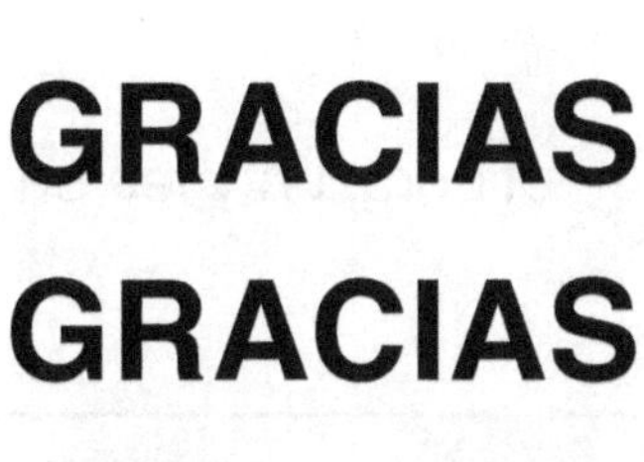

GRACIAS
GRACIAS

GRACIAS

De todo mi corazón, te deseo una vida llena de éxito.
Con cariño,

Lorena Farré.

Ponte la mano en el corazón y lee en voz alta:

YO SOY ENERGÍA,
ESTOY LLEN@ DE VITALIDAD.

LOS FRACASOS DE MI PASADO,
SON ENSEÑANZAS DE MI PRESENTE
Y VICTORIAS DE MI FUTURO.

YO SOY RESPONSABLE DE CREAR EN MI VIDA
FELICIDAD, ÉXITO Y RIQUEZA
PORQUE

¡¡¡TODO LO QUE NECESITO ESTÁ EN MÍ!!!

DEDICATORIA A LAIN GARCÍA CALVO, AUTOR DE LA VOZ DE TU ALMA

Lain, mediante estas palabras quiero intentar expresarte lo que para mí ha significado *La voz de tu alma*.

Llegó a mí en lo que aquel momento clasifiqué como "casualidad"; hoy tengo muy claro que fue por **causalidad**.

Estaba en el gimnasio, intentando retomar mi vida y ser más feliz, cuando unas compañeras hablaban de tu libro. Automáticamente me vi andando hacia ellas, cuando nunca habíamos ni tan siquiera compartido unas palabras y les pregunté de qué hablaban. Una me dijo:

—Del libro que todo el mundo habla, de *La voz de tu alma*.

Hice una anotación mental y nada más salir de la clase dirigida en la que estaba, busqué en Internet y entré en tu página web.

Tengo que reconocer que la primera impresión fue preguntarme qué era esto, si era una secta o no sé qué.

Pero algo me decía que comprase el libro, algo que está claro para mí hoy que era **la voz de mi alma.**

Así que seguí a mi intuición y decidí comprarlo. A los pocos días de estar leyendo lo dejé, no era mi momento.

Después de unos meses decidí retomar la lectura. Estaba lista para comprometerme a leerlo, estudiarlo y practicarlo.

¡No paré hasta que leí los 11 tomos de la saga!

Todo lo hice en menos de 6 meses y en diciembre participé en mi primer evento de "¡Vuélvete Imparable!".

Gracias a ti, a tu energía y enseñanzas, he conseguido conectar con mi alma, he aprendido a escucharla y a saber qué es lo que realmente quiero en esta vida.

He aprendido a agradecer, a perdonar, a tener un autocontrol brutal.

He vuelto a ser plenamente feliz, a tener los niveles de energía y vitalidad que hacía años que no sentía y, lo que es más importante, me he dado cuenta de cuánto puedo ayudar a la gente que me rodea.

Gracias a ti hoy estoy aquí escribiendo estas líneas para convertirme en una escritora de *best- sellers* y ayudar a miles de personas a superar cualquier reto que deban afrontar en la vida, porque **sí se puede.**

Gracias por dejarme descubrir quién soy yo.

Gracias, Lain, por ser cómo eres.

Gracias, Lain, por hacer que mis días empiecen con los ojos brillantes.

Gracias, Lain, por hacer que sea un alma imparable.

Gracias, Lain, por hacer que sea un alma imparable.

Ponte la mano en el corazón y lee en voz alta:

YO SOY ENERGÍA,
ESTOY LLEN@ DE VITALIDAD.

LOS FRACASOS DE MI PASADO,
SON ENSEÑANZAS DE MI PRESENTE
Y VICTORIAS DE MI FUTURO.

YO SOY RESPONSABLE DE CREAR EN MI VIDA
FELICIDAD, ÉXITO Y RIQUEZA
PORQUE

¡¡¡TODO LO QUE NECESITO ESTÁ EN MÍ!!!

TU EXPERIENCIA

Amado lector, una vez más quiero felicitarte por haber llegado hasta aquí. Si quieres seguir aprendiendo a tener una vida extraordinaria te espero en el próximo libro **Ser feliz está en ti.**

Espero que te haya ayudado muchísimo la lectura y el estudio de **El control de tu mente está en ti.**

Si es así, ¿te puedo pedir un favor? ¿Podrías enviarme un email diciendo cómo te ha ayudado?

info@lorenafarre.com

Es muy importante para mí saberlo para poder seguir ayudando a más personas y, con tu permiso, si estás de acuerdo, lo publicaré en mis redes sociales o próximas ediciones de este libro.

Gracias, gracias, gracias alma invencible.

Ponte la mano en el corazón y lee en voz alta:

> *YO SOY ENERGÍA,*
> *ESTOY LLEN@ DE VITALIDAD.*
>
> *LOS FRACASOS DE MI PASADO,*
> *SON ENSEÑANZAS DE MI PRESENTE*
> *Y VICTORIAS DE MI FUTURO.*
>
> *YO SOY RESPONSABLE DE CREAR EN MI VIDA*
> *FELICIDAD, ÉXITO Y RIQUEZA*
> *PORQUE*
>
> *¡¡¡TODO LO QUE NECESITO ESTÁ EN MÍ!!!*

CONTACTO

www.lorenafarre.com

info@lorenafarre.com